対馬10
五島1
平戸新田1
平戸6
長崎県
佐賀県
唐津6
小城7
佐賀36
蓮池5
鹿島2
大村3
島原7
福岡県
福岡47
小倉新田1
小倉15
久留米21
柳河12
三池1
秋月5
熊本新田4
熊本54
宇土3
熊本県
人吉2
宮崎県
高鍋3
佐土原3
飫肥5
薩摩77
鹿児島県
中津10
日出2
杵築3
大分県
森1
府内2
臼杵5
岡7
佐伯2
延岡7
清末1
長府5
長州37
山口県
徳山4
岩国6
津和野4
浜田6
島根県
広島43
広島新田3
広島県
松江19
広瀬3
母里1
鳥取県
福山11
吉田3
宇和島10
大洲6
新谷1
松山15
今治4
小松1
西条3
愛媛県
高知県
土佐24
土佐新田1
多度津1
丸亀5
香川県
高松12
徳島県
徳島26
岡山県
新見2
松山5
浅尾1
岡田1
岡山新田2
鴨方3
足守3
庭瀬2
岡山32
勝山2
津山10
鹿野3
若桜2
鳥取33
三日月2
赤穂2
山崎1
龍野5
三草1
安志1
林田1
兵庫県
豊岡2
出石3
柏原2
篠山6
姫路15
小野1
三田4
明石8
伯太1
岸和田5
狭山1
大阪府
京都府
宮津7
福知山3
尼崎4
丹南1
紀州56
和歌山県
田辺4

シリーズ藩物語

新発田藩

鈴木康……著

現代書館

プロローグ

新発田藩物語

新発田藩の初代藩主となった溝口秀勝《みぞぐちひでかつ》は、天文十七年（一五四八）尾張国溝口村に生まれた。溝口氏は逸見義重《へんみよししげ》の後裔で、もとは美濃国に住したが、のちに尾張国中島郡溝口村に移住し、これより溝口を以て姓となすに至った。代々この地の地侍層で、秀勝は若くして織田信長の武将丹羽長秀に仕え、天正九年（一五八一）若狭国高浜五千石の城主に任ぜられた。

天正十年信長が本能寺での討死のあとは、丹羽長秀が豊臣秀吉方についたことにより、秀勝もその下で柴田勝家攻めに功をたて、天正十二年加賀大聖寺四万四千石の城主へと栄進した。続いて越中の佐々成政攻めの際には、前田利家の下で奮戦し、また秀吉の親征に従い勝利した。天正十三年長秀が病没（一説には自害）、息子長重は秀吉により削封された。この時秀吉は丹羽の家人の有力な者を自分の家臣に取り立てたが、この際秀勝も秀吉からあらためて朱印状を受け大名として独立、丹羽氏のあと越前を領した堀秀政の与力に

藩という公国

江戸時代、日本には千に近い独立公国があった

江戸時代。徳川将軍家の下に、全国に三百諸侯《しょこう》★の大名家があった。ほかに寺領や社領、知行所《ちぎょうしょ》★をもつ旗本領《はたもとりょう》などを加えると数え切れないほどの独立公国があった。そのうち諸侯を何々家《け》家中《かちゅう》と称していた。家中は主君を中心に家臣が忠誠を誓い、強い連帯感で結びついていた。家臣の下には足軽《あしがる》層《そう》★がおり、全体の軍事力の維持と領民の統制をしていたのである。その家中を藩と後世の史家は呼んだ。

江戸時代に何々藩と公称することはまれで、明治以降の使用が多い。それは近代からみた江戸時代の大名の領域や支配機構を総称する歴史用語として使われた。その独立公国たる藩にはそれぞれ個性的な藩風《はんぷう》と自立した政治・経済・文化があった。幕藩体制とは歴史学者伊東多三郎《いとうたさぶろう》★氏の視点だが、まさに将軍家の諸侯の統制と各藩の地方分権が巧く組み合わされていた、連邦でもない奇妙な封建的国家体制であった。

今日に生き続ける藩意識

明治維新から百三十年以上経っているのに、今

付せられた。

その後、天正十五年九州島津氏征伐、天正十八年小田原北条氏征伐に参陣、文禄・慶長の二度にわたる朝鮮出兵で武功を重ね、内政面では天正十六年近世史成立の重要指標である刀狩りを行って、その領内の兵農分離を推し進めた。

慶長三年（一五九八）上杉景勝の会津移封ののちに越後国主として入国した堀秀治《ほりひではる》の与力大名となり、溝口秀勝も随伴、越後蒲原郡に六万石を与えられ、新発田に来た。ここに外様大名溝口氏が根をおろし、秀勝入封以来十二代、明治四年の廃藩置県まで二百七十三年の治世が続いた。

現在の新発田市、そして新発田の過去をふり返って考えるときに、常に頭に浮かぶのは、新潟県内の他の藩との比較である。特に村上藩と長岡藩は気になる存在となっている。

新発田市の刊行になる『城下町新発田四百年のあゆみ』の編集を担当した際に抱いた問題意識、視座で書き進めたい。


でも日本人に藩意識があるのはなぜだろうか。明治四年（一八七一）七月、明治新政府は廃藩置県《はいはんちけん》★を断行した。県を置いて、支配機構を変革し、今までの藩意識を改めようとしたのである。ところが、今でも、「あの人は薩摩藩の出身だ」とか、「我らは会津藩の出身だ」と言う。それは侍出身だけでなく、藩領出身も指しており、藩意識が県民意識をうわまわっているところさえある。むしろ、今でも藩対抗の意識が地方の歴史文化を動かしている。そう考えると、江戸時代に育まれた藩民意識が現代人にどのような影響を与え続けているのかを考える必要があるだろう。それは地方に住む人々の運命共同体としての藩の理性が今でも生きている証拠ではないかと思う。

藩の理性は、藩風とか、藩是《はんぜ》とか、ひいては藩主の家風ともいうべき家訓などで表されていた。

（稲川明雄）

諸侯▼江戸時代の大名。
知行所▼江戸時代の旗本が知行として与えられた土地。
足軽層▼足軽・中間・小者など。
伊東多三郎▼近世藩政史研究家。東京大学史料編纂所所長。
廃藩置県▼藩体制を解体する明治政府の政治改革。廃藩により全国は三府三〇二県となった。同年末には統廃合により三府七二県となった。

シリーズ藩物語

新発田藩

目次

これも新発田

現在の新発田城址

月岡温泉

第一章　新発田藩

溝口領最北端につくられた城下町新発田。そして、藩の経営と支配のしくみ。

①新発田藩のあらまし

初代藩主溝口秀勝は尾張の出身、信長の家臣丹羽長秀と秀吉に仕えた。
関ヶ原の戦いでは徳川方についた外様大名。新領の越後蒲原郡は、戦乱で荒れており、
治水・新田開発に意を注ぎ、廃藩まで一貫して、溝口家は領主であり続けた。

新発田藩の成立

豊臣秀吉が天下を統一した後の慶長三年（一五九八）、上杉景勝は会津へ移封され、代わって越前（福井県）北ノ庄の堀秀治が越後国主となり、春日山城（上越市）へ来た。そのとき秀吉の家臣として手柄をたてた溝口秀勝《ひでかつ》が堀氏の与力（戦《いくさ》に協力する）大名として越後蒲原《かんばら》郡に六万石を与えられ、加賀（石川県）大聖寺から新発田へ来た。それは徳川家康が江戸に幕府を開く五年前のことである。

秀勝は尾張（愛知県）中島郡溝口村の地侍の家に生まれ、丹羽長秀（信長の家臣）と秀吉に仕え、若狭（福井県）高浜五千石の城主を経て加賀大聖寺四万四千石の城主に取り立てられた大名であったが、慶長五年の関ヶ原の戦いでは徳川方についた。いわゆる外様大名である。

溝口秀勝（宝光寺蔵）

新発田藩の所領

秀勝が秀吉から与えられた領地は現在の北・中・南の蒲原三郡にわたり、南は旧中之島町までにも及ぶ広大なものであった。領内には信濃川をはじめ、阿賀野川・中ノ口川・加治川などの大きな川が流れており、それが潟や沼をつくり、当時は雨が降ればたちまち氾濫して一面泥の海となる状態で、また長い戦乱の後で田畑は荒れており、六万石とはいっても実際はそれほどの収穫はなかったという。

秀勝の没後、二代宣勝《のぶかつ》は弟善勝に一万石を分け与え、沢海《そうみ》藩（旧横越町）をつくり五万石となったが、歴代藩主は阿賀野川、加治川の改修、島見前潟の干拓など治水と新田の開発に努め、安永六年（一七七七）には、新田開発高の累計が九万四千石（幕府へ報告の公式の数字で）となった。しかし、寛政元年（一七八九）に幕府から陸奥の三郡（福島県）と蒲原郡の最も肥沃で安定した領地二万石との交換（のちに一部を残して返還）を命じられたため、収入の減少を余儀なくされた。なお、幕末の万延元年（一八六〇）には海防強化の負担を増やすため、幕府から石高が十万石に改められている。

新発田藩での農民の年貢負担は、藩として最後の、延宝六年（一六七八）開始の

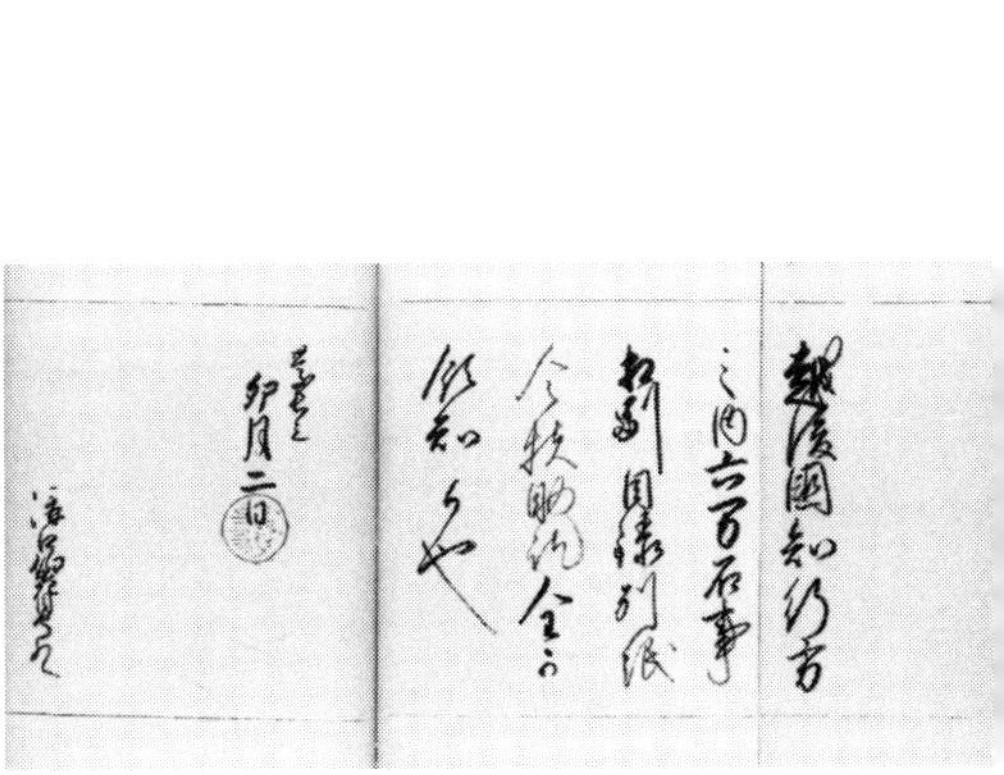

秀吉からの溝口秀勝あて朱印状（溝口文書）

越後国知行方
の内六万石の事
目録別紙相副え
扶助せしむ　全て
領知すべく候也
慶長三
卯月二日㊞
溝口伯耆守とのへ

朱印状（釈文）

新発田藩領内図
天保年間（1830年代）
村上
内藤氏５万石（譜代）
岩船
荒川
胎内川
黒川
柳沢氏
１万石
（譜代）
中条
加治川
三日市
柳沢氏１万石
（譜代）
阿賀野川
信濃川
新発田
溝口氏５万石
（外様）
新潟
沼垂
葛塚
福島潟
二王子山
鳥屋野潟
亀田
山内
赤谷
（会津藩領）
水原
五頭山
新津
中ノ口川
鎧潟
角田山
巻
五泉
弥彦山
弥彦
村松
堀氏３万石
（外様）
津川
（会津藩領）
加茂
三条
五十嵐川
中之島
見附
与板
井伊氏２万石
（譜代）
栃尾
長岡
牧野氏６万石（譜代）
奥州における領地……信夫郡 6,000 石
寛政元年（1789）、幕府から陸奥《むつ》の楢葉《ならは》・信夫《しのぶ》・田村の３郡（現福島県）と越後蒲原郡の２万石との交換を命じられた。
その後、返還運動が功を奏し、文政 12 年（1829）以降他国における領地は信夫郡の６千石のみとなった。八島田（現福島市）に陣屋が置かれた。

総検地の結果である石高を基準に、概ね五公五民程度の比率であったとされている。

新発田藩の経営

新発田藩は、大坂冬の陣・夏の陣や寛永年間数回の江戸城普請手伝い、その他しばしば勅使や朝鮮使節の接待、大坂、高田、会津若松城等の在番など、幕府への各種賦役を務めてきたが、新田開発による増収により、その負担に耐えることができた。しかし、繁栄の元禄年間末期の十二年(一六九九)、江戸麻布新堀普請に至り、藩財政は破綻のきざしを見せ、享保四年(一七一九)の与茂七火事★と呼ばれた大火による多額の出費で破綻は決定的となった。以後、藩の赤字財政は救われることなく、家中(藩士)からの借り上げ、町人・農民への御用金賦課、大坂商人からの借金が継続的に行われるようになった。

七代直温《なおあつ》の頃から、干ばつと特に水害による不作で、禁令を破り土地を離れて都市へ流出して行く農民が多くなっていった。また、換金作物が多く作られるようになったり、全国的に商業が盛んになるにつれて、貨幣が広く流通するようになった。これらのことから、農民の間にも貧富の差が大きくなった。豪商、豪農

▼与茂七火事
一五六ページ参照。

の出現とその強大化は、封建体制を足元から揺るがしていくこととなった。

八代直養《なおやす》は学問を好み、明和八年（一七七二）に講堂（のちに道学堂と命名）を建て、安永五年（一七七六）に全国で三番目の医学館を創設、庶民のためには社講制度を設けた。藩学は崎門《きもん》学派と定め、異学を禁じた。また飢民救済のため社倉★制度を設ける一方、「新令」・「新律」を公布し、法による統治の強化をはかった。

幕末近い十代直諒《なおあき》の頃は、おりからの天保飢饉や、外国艦船出没のため領内沿岸と佐渡の警備に追われ、物価は暴騰し悩みは深刻さを加えた。藩は倹約令を出すとともに、十一代直溥《なおひろ》のときには「国産掛」を設置し、空き地に漆・楮《こうぞ》・桐や朝鮮人参・朝顔（種子から油を搾る）の栽培を奨励したり、塩や砂糖の藩営生産を試みるなど産業振興にも力を入れたが、その実効を見るには至らなかった。藩の成立以来、ほとんど農民が作る米のみを重視し、米作りがおろそかになるということで、家中での副業を例外に、養蚕をも禁じてきた新発田藩としては、遅きに失したというべきであろう。

新発田藩の終末

慶応四年（一八六八）の戊辰戦争での新発田藩は、藩主をはじめ尊皇思想の影

▼**社倉**　農民協同で凶作などに備えた共同の備蓄米倉庫。

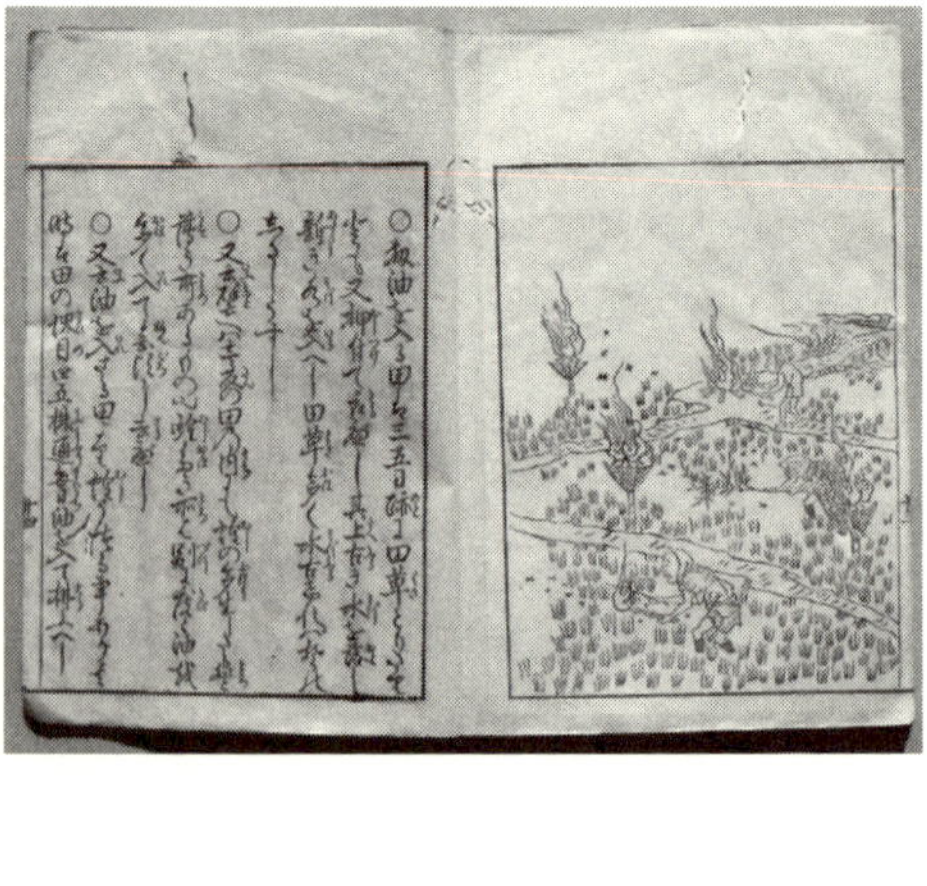

藩版『農家心得』（新発田市立図書館蔵）

響を受け、早くから藩論がまとまっており、会津藩を中心として東北諸藩が結んだ奥羽越列藩同盟のなかにあって、一時は新発田城下が同盟軍によって包囲されるといった危機的な事態も発生したが、からくも脱出し、機を見て新政府軍に合流、旧幕府側の庄内・米沢・会津などの軍と戦った。藩境近い中々山の角石原では、会津軍と激戦をまじえている。そして明治四年、廃藩置県がなされて、新発田藩は秀勝入封以来十二代、二百七十三年にわたるその歴史を閉じた。

②溝口氏の入封と城下町づくり

所領越後国蒲原郡最北の地新発田での築城、水運の便を考慮してのことだ。
当時物資の輸送は基本的に水運に頼っていて、河川・潟が相互に連結していた。
そのことは、大坂・江戸の町が河川運輸で成り立っていたのと同様である。

溝口氏入封以前の新発田

鎌倉時代に、源頼朝の家来佐々木盛綱《ささきもりつな》が加地荘《かじのしょう》の地頭に任じられたが、南北朝時代にはその子孫が当地に土着し、加地・竹俣・楠川・新発田などの支流が各々一家をなして、次第に有力な在地豪族に成長していった。室町時代になると、加地氏の勢力は衰え、代わって新発田氏が頭角を現した。新発田重家《しげいえ》は、赤谷城小田切三河守、五十公野《いじみの》城五十公野道如斎《どうじょさい》とともに上杉景勝と争ったが、戦国最後の武将重家は七カ年の抗争の末、天正十五年（一五八七）に新発田城は落城、新発田氏は滅亡した。

重家の頃、新発田の城の搦手口に町が成立していたという記録（『管窺武鑑』）がある。搦手は城の裏口であるが、その頃は搦手口に蔵屋敷や鍛冶小屋などが置かれた関係で、商人たちの屋敷も搦手に接して発達したのであろう。近世に城下町が大手（追手）口を中心に発展したのとは逆であった。中世での新発田城の搦手は、近世の上町方向にあった。すなわち『武鑑』に「南方大手猿橋口」とあるので、大手は猿橋側にあって、これとは反対側に搦手口があったのである。実際に、近世の城下町新発田としては、その方向の上町が最も古い地域であった。重家の居城の本丸は、近世の新発田城絵図に、「古丸」として記されている地域であると考えられているが、溝口氏による新たな築城工事により、その城郭は消滅したものと思われる。

溝口氏の越後国蒲原郡入封

溝口秀勝は多数の家臣を率いて、加賀大聖寺から蒲原郡に入封した。そして領内最北端の新発田を築城の地として選び、とりあえず五十公野に館を構えて、領内統治や治水・新田開発に取り組み始めた。

秀勝が連れてきた家臣の名簿があるが、それは二千石の溝口相模守から百石前後まで九六人の士分の名前を記したものであり、その下にいた取次★や中間・小者等の卒分の名前はない。しかし大聖寺藩主時代の天正十七年（一五八九）、京東《とう》

▼取次《とりつぎ》
物資の調達などを行ういわゆる「軍属」のことか？

山《ざん》大仏殿《だいぶつでん》普請手伝いに際し、三分の二軍役令で割り当てられた人数が千四百人であるので、家臣総数は二千百人となる。移封にあたって、奉公人は一人残らず召し連れて行くことを、秀吉から命じられていることを思うと、二千人を超す家臣が従ったと考えてよい。いずれも、今日の栄光を生み出すのに、ともに苦労した功臣であった。そして仮に妻と子を二人とすれば、総勢八千人を超える大移動であったであろう。

　秀勝の移封によって、その菩提寺の大麟寺も移って来た。この寺は秀勝が大聖寺時代、宗廟として草創したもので、秀勝没後は、その法号をとって「浄見寺」と改名した。今の宝光寺の祖である。また瑞雲寺、託明寺もともに従って来たという。

　次に、「文政七年当町旧家書上」によれば、大聖寺から御国入りに従って来住した御用商人として、吉田善左衛門、奈良屋市左衛門以下六人、大工頭・鋳物師・塗師頭等の御用職人の名が見える。代々御用商人を務めた中村藤蔵《とうぞう》の先祖彦左衛門も、拒むのを強引に連れてこられた。これらは藩の家臣同然の者として理解できる。

　一方、農民が移住してきたという伝承も多い。秀吉が検地帳に登録した百姓は移住してはならないと命じているので、この伝承を肯定するとすれば、それらは

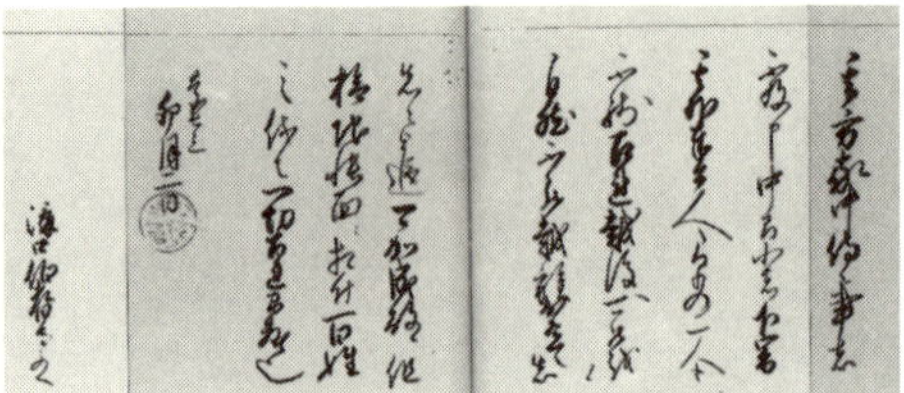

秀吉からの溝口秀勝あて朱印状（溝口文書）

その方　家中侍の事は
申すに及ばず　中間　小者　下男
そのほか奉公人たるもの一人も
残さず召し連れ越後へ越さるべく候
自然罷り越さざるやから
　これあるにおいては
先々まで追い　成敗加えるべく候　但し
検地帳面に相付きたる百姓
の儀は　一切召し連れまじきもの也
慶長三
卯月二日㊞
溝口伯耆守とのへ

朱印状（釈文）

分家や二・三男層の人々なのではないかと考えられる。

新発田城の築城と町づくり

　秀勝は入封すると、領内に数ある中世の遺城のうちから、重家の居城であった新発田城跡を築城の地として選んだ。その理由としては、①地形的にこの地が新発田川の形成した広い砂礫土層の三角洲上にあり、北に加治川、南に佐々木川（現太田川）、西に島見前潟を控えて防御に適している、②これらの水系を利用すれば水運に便利であり、日本海との連絡も容易である、③その地は阿賀北地方の雄将重家の城下町であり、他の地に比べて発達していた、などを考えることができる。信長や秀吉の近世城郭普請を手伝い、そのあり方をつぶさに体験した大名である秀勝が、この地を選んだのは当然のことであった。

　城は新発田川上流方向を正面として造られた。当初石垣は本丸表門を中心に、その付近及び裏門の枡形部分に構築され、他の大部分は土塁とした。外堀は新発田川の本流と支流を利用した。また別に猿橋村に至る一流を掘って城下町の防衛線とした。普請にあたっては「何れの村々も人別に罷り出、皆々打寄り一普請仕るべく候」と領民が総動員された。建物は、慶長八年（一六〇三）には西川門（西

新発田城古瓦の刻印
「大坂瓦司……」とある。

ノ門）が造られている。秀勝の時代を城の土木工事の時代とすれば、二代宣勝の時代は建物の建築が進展した時代と言える。二の丸御殿が成就し、また大手門の普請が開始された。築城の進展と並行して、城下町の建設も進んだ。市街は、入封以前は上町・中町の地域であったが、その後下町、新町、寺町などの建設が進んだ。

藩主溝口氏略系図

勝《かつ》政《まさ》
彦左衛門尉
逸見氏後裔
天正三年溝口村に死、
法名浄閑

1 伯耆守
秀《ひで》勝《かつ》
竹、初金右衛門尉定勝、母武田氏、天文十七年生、天正十一年加賀大聖寺城主、慶長三年越後新発田城主六万石、慶長十五年卒、年六十三、法号宝光寺殿

2 伯耆守
宣《のぶ》勝《かつ》
初秀信、主膳正、母長井氏、天正十年生、慶長十五年家督五万石、寛永五年卒、年四十七、法号松嶽寺殿

3 出雲守
宣《のぶ》直《なお》
久三郎、初俊勝、母堀秀政女、慶長十年生、寛文十二年隠居、継室平松中納言女、延宝四年卒、年七十二、法号寒光院殿

4 信濃守
重《しげ》勝《かつ》
久三郎、初宣広、母森川氏、寛永十年生、寛文十二年家督、室松平伊豆守女、継室酒井忠勝女、宝永三年隠居号悠山同五年卒、年七十六、法号悠山院殿

5 伯耆守
重《しげ》元《もと》
久三郎、初宣盛、延宝八年生、宝永三年家督、継室中院通躬女、享保三年卒、年三十九、法号陽元院殿

6 信濃守
直《なお》治《はる》
虎之助、久三郎、初重貞、宝永四年生、享保三年家督、同十七年卒、年二十六、法号大機院殿

7 出雲守
直《なお》温《あつ》
亀之助、主膳、（実溝口摂津守直道四男）直治卒後家督、室松平伊豆守女、宝暦十一年隠居、号梅郊、安永九年卒、年六十七、法号浄名院殿

8 主膳正
直《なお》養《やす》
亀次郎、初直範、直温庶男、母森氏、宝暦十年嫡子、同十一年家督、寛政九年卒、年六十二、法号霊光院殿

9 出雲守
直《なお》侯《とき》
亀次郎、天明六年嫡孫承祖、室相良長寛女、継室久世中納言通根女、享和二年卒、年二十五、法号修徳院殿

10 伯耆守
直《なお》諒《あき》
駒之助、母堀氏、享和二年相続、号景山、健斎、天保九年隠居、室松平斎賢女、安政五年卒、年六十、法号見竜院殿

11 主膳正
直《なお》溥《ひろ》
錦之助、母福山氏、天保九年家督、室松平康任女、又土屋寅直女、万延元年十万石、慶応三年隠居、号静山、明治七年没、年五十六、法号誠感院殿

12 伯耆守
直《なお》正《まさ》
誠之進、母西村氏、慶応三年家督、明治二年新発田知藩事、伯爵、室久爾子、分部光貞子女、大正八年没、年六十五、法号本光院殿

直《なお》亮《すけ》
明治十一年生、大正十二年陸軍少尉退官、伯爵、貴族院議員、昭和二十五年没、須美子夫人徳川達孝女

③ 新発田藩領内の支配のしくみ

当初は完全な軍事組織であったが、太平の世が続くと、徐々に民生重視に傾いていく。幕藩体制の維持は、強権的な年貢米の徴収によって成り立つ。藩が重視した儒学も、そのイデオロギーとして利用したという側面があるのではないか。

新発田藩の領地

初代秀勝は、加賀大聖寺から越後蒲原郡に移されたとき一万六千石を加増され、六万石となった。徳川家康が将軍となっても、引き続いて同じ領地が与えられた。慶長十五年（一六一〇）、二代宣勝《のぶかつ》が家督を相続すると、弟の善勝に一万石（他に新田分二千石）を割いて与えて沢海《そうみ》藩を立てさせたため、新発田藩は表高五万石となった。次いで寛永五年（一六二八）、三代宣直が家督相続したとき、弟三人を分家させた。しかしこの時は、新田開発分を与えたため、表高に変化は生じなかった。ただ三人とも旗本として幕府に仕えたので、その分だけ領内に幕府領が点在することとなった。これ以後の大きな変化としては、寛政元年（一七八九）の蒲原郡九二村二万石と、奥州三郡との領地交換がある。このうち、文政十二年（一八二九）に奥州分の一万三千石余を返上して、蒲原郡の一万石余を返還してもらった。その結果、他国における領地は信夫《しのぶ》郡（福島県）の六千石のみとなった。藩領が比較的に安定していたと見られる新発田藩にも、このような変動はあったが、知行高の五万石に変わりはなかった。しかし万延元年（一八六〇）、幕府は海防力の強化上藩の負担を増やすため、十万石に高直ししたが、領域に変化はなかった。一方、幕府領でありながら、預かり地として新発田藩が実質的に支配した村々も少なからずあった。

現在の新発田市域は近世、東部と西部で支配者を異にしていた。東部は領主が不安定で、前期には村上藩、後期には幕府ないし三日市・黒川両藩の支配を受けた。しかし西部は、一貫して新発田藩領であった。

藩の組織と領内支配のしくみ

武家社会は「常在戦場」の社会であり、したがって藩は、本来的に軍事組織であった。年貢米や夫役などの諸税の徴発も、この暴力

領内支配機構

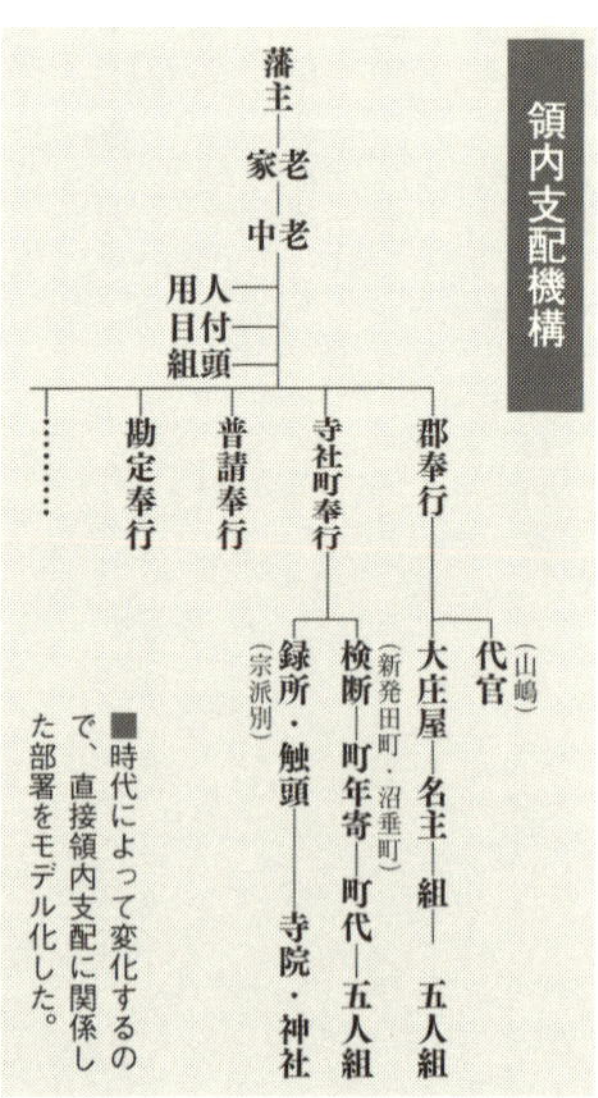

■時代によって変化するので、直接領内支配に関係した部署をモデル化した。

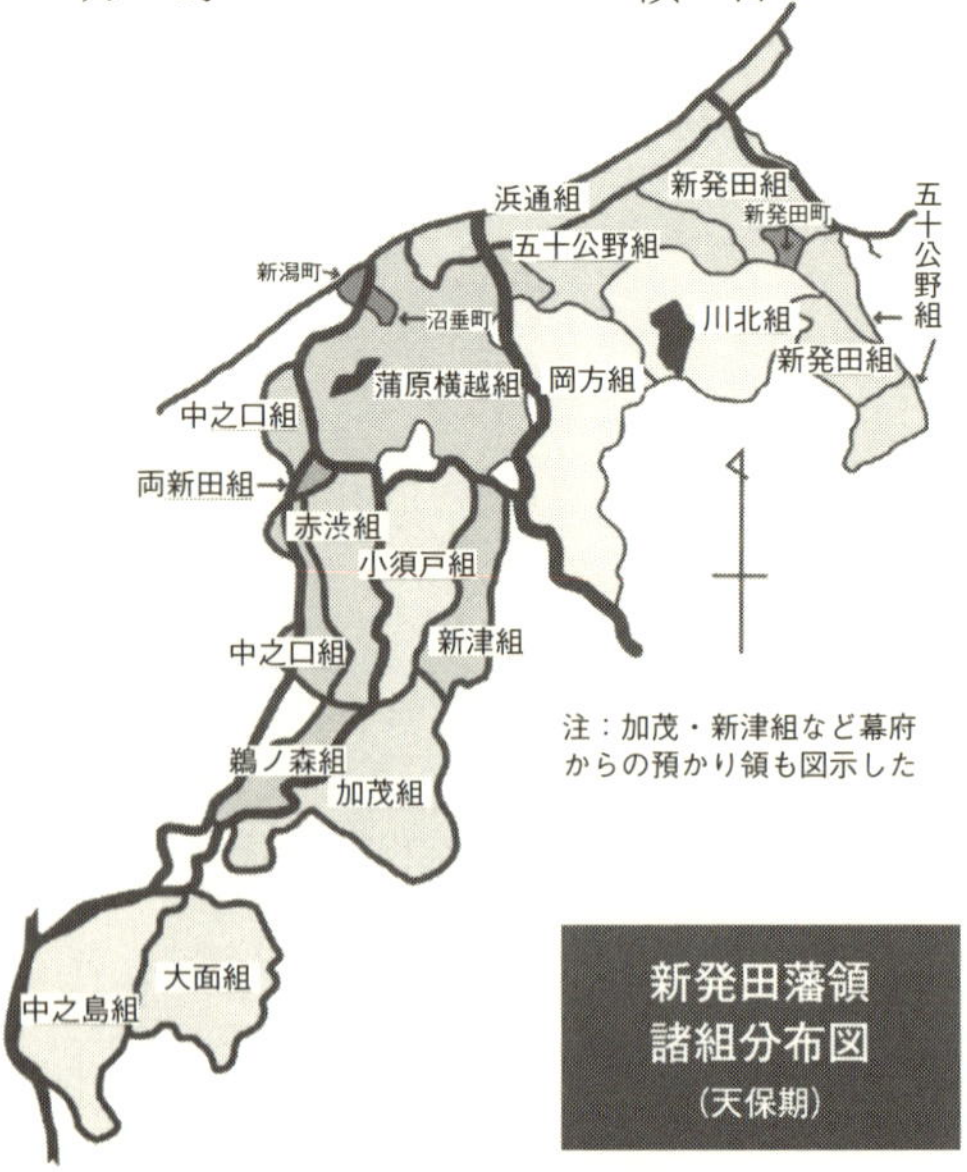

注：加茂・新津組など幕府からの預かり領も図示した

新発田藩領諸組分布図（天保期）

装置の存在があって初めて可能となる。だが平和の世が続けば、藩組織に占める民生の比重は、必然的に大きくなるのであった。

新発田藩は、領内の村々を組ごとにまとめて支配した。その数は時によって異なったが、概ね一三組を数えた。城下周辺の新発田組・五十公野組・川北組を特に三組と称した。新発田藩では組を治める者を大庄屋、村を治める者を名主と呼んだ。名主の下にいて、これを補佐したのが組頭である。郷村支配制度の末端は五人組であるが、五人の百姓からなる相互扶助・相互監視のための班組織であった。大庄屋は各組に一、二名いて、郡奉行と名主の中間に位置して、名主を指揮監督する役割を持っていた。名主の家の由緒は草分けの者が多く、村民からは「おやさま」と呼ばれ、権威を有した。しかし領主からは、美食を好み分不相応な居宅や庭構えをしてはならない、身持ちが悪く百姓の厄介になる名主は藩として処罰する、百姓は私用に使うな等、権威におごることを強くいましめられた。名主には各種の格式があり、なかには苗字帯刀を許された者もいた。名主は年々の作況を上部に報告し、年貢を割り付けて徴収したり、村内の争いを調停したりした。また名主には、正月七日に、法度やお触れを村民に読み聞かせることが義務付けられていた。

宝永二年（一七〇五）十二月二十五日
「在中へ申渡御法度書」全十九条から抜粋

一正月五節句の祝儀・婚礼・法事　随分軽く致し親子兄弟のほか　かたく無用たるべきこと

一朝夕粥雑炊飯をたべ　御田地開作の時分は雑飯をたべ　諸事これに応じ簡略に致すべきこと

一衣類男女共に色物　染貫き無用たるべし　帷子は地布のほか着申しまじくそうろう　稼業の節はさし物着るべきこと

一あらくれの節　田植時分は　小昼食はにぎりめしに致し申すべきこと

一村々揚げ酒屋の儀　往還は先年員数あい極めそうろう通りに致し　そのほかふり売りはかたく無用のこと

註　帷子…裏なしのひとえの着物　さし物…糸で一面に刺し縫って補強した野良着　小昼食…当地方で言うコビリ　揚げ酒屋…酒の行商人

「在中へ申渡御法度書」

これも新発田

お国自慢 これぞ新発田の酒

新発田自慢の酒や物産をちょっとだけ紹介

吟醸 菊水 無冠帝

菊水 にごり酒 五郎八

菊水酒造（株）
TEL0254-24-5111

王紋 夢 純米吟醸

市島酒造（株）
TEL0254-22-2350

越の梅里 五百万石 純米大吟醸

越の梅里 越淡麗 純米吟醸

小黒酒造（株）
TEL025-387-2025

大吟醸 越乃八豊

（株）越後酒造場
TEL025-387-2008

吟醸 初花

金升酒造（株）
TEL0254-22-3131

第二章 新発田藩歴代藩主

代々受け継がれた、お家存続のための英知。姻戚関係を通じての情報の獲得。

1

藩主溝口家の治績

お家存続のための艱難辛苦、そして知恵。
そのために腐心したのが、大藩の有力大名・京の公卿との縁結び。
戊辰戦争では、情報と助言の入手という点で、これが効果を発揮したと言われる。

初代溝口秀勝《ひでかつ》

慶長三年（一五九八）、上杉景勝の会津転封の後に越後国主となり入国した堀秀治《ひではる》の与力《よりき》大名★として秀勝はともに入国、越後蒲原《かんばら》郡に六万石を与えられる。

入国した秀勝は、たちまち多くの難問に直面することとなった。上杉氏が、その年の貢租のすべてを会津へと持ち去ったこと、領内に防備のための引き継ぐに足りる城郭がなく、新規に縄張り、築城をする必要があったこと、領内を流れる信濃川や阿賀野川などが、毎年氾濫をして領民を苦しめており、一刻も早く治水工事に着手して収穫を安定させねばならなかったことなど、解決しなければならない課題が山積していたのであったが、それらに輪をかけて軍事行動を迫られたことは、苦難の度合いをいっそう強めた。

▼与力大名
戦いに協力する大名。

入国早々、上杉氏が糸を引く遺民一揆が頻発し、続いて慶長五年の関ヶ原合戦を機に越後では騒乱が起きた。上杉氏による越後攻略が始まったのである。これらは総称して「上杉遺民一揆」あるいは「越後一揆」と呼ばれるが、堀氏並びに与力大名たちにとっては大変な試練となった。この戦いは、関ヶ原と表裏をなすものであり、上杉方による後方かく乱を目的とした作戦であった。このため、越後勢の関ヶ原への参戦は結果として幸いであったというべきか、事実上不可能となった。このとき、秀勝は徳川方につき、堀氏の与力として会津上杉氏の軍勢とこれに同調する一揆の鎮圧にあたった。秀勝は、一揆勢力が攻めてきた三条城や越後と会津に通ずる栃尾・阿賀野川の津川口で善戦をし、一揆勢の鎮圧に大きな役割を果たした。関ヶ原の合戦での徳川方の勝利が決定的になるに及んで、上杉軍は敗走し、越後一揆も収束に向かった。徳川家康と秀忠は一揆平定の報を受け取ると、その労を賞して感状★を与えた。

この戦いの意義としては、溝口氏は豊臣方から離れて徳川方につくことによって、幸い約二百七十年もの間、新発田藩溝口家の命脈を保つことができたということである。そしてまた、もうひとつの意義としては、これが越後における刀狩りを完成させたことであった。すなわち、兵農分離を進め、農村で武器を保有していた土豪地侍層で、旧主を慕う者たちは、この一揆に味方したため一掃された。

▼家康の感状
一三三ページ参照

溝口秀勝の墓

越後において、近世的新秩序を成立させたのであった。

慶長十年二月秀忠の上洛のお供をし、同十一年四月より江戸城の普請の手伝いをし、特に堀の普請には領内から多くの人夫を動員している。十五年閏二月越後福島城主堀忠俊が知行を召し上げられた際、その家臣神子田政友の居城の栃尾城を預かり、続いて入封してきた松平忠輝（家康六男）が福島城へ入ると、その与力を命じられて、越後統治に助力した。

この年九月二十八日卒去、六十三歳であった。

二代溝口宣勝《のぶかつ》

天正十年（一五八二）初代秀勝の長男として若狭《わかさ》国高浜に生まれた。当初は、豊臣秀吉の一字を賜り秀信と称した。上杉遺民一揆では、徳川家康に味方をして父とともにこの鎮圧に当たり、武功を立てた。十九歳の時のことであった。慶長十五年（一六一〇）父の秀勝が没した。同年十二月に領地朱印状が与えられ、第二代新発田藩主に任じられた。宣勝は相続にあたり、新田開発分を含め一万二千石を弟の善勝（沢海《そうみ》藩主）に与え、五万石を拝領した。したがって以後、新発田藩の表高は五万石となった。

溝口宣勝

新発田には、上杉景勝により滅亡させられた新発田重家の居城があった。当時の城郭は狭小で防備が十分ではなく、城下町も未整備な状態であった。また領内には、大きな河川がいくつもあったが、日本海沿岸特有の幾重もの砂丘列（河川の正常な流れを阻む。現在ではほとんど消滅）が所在するという地形的な特性のため、水の流れが不安定で、低湿地帯が多かった。よって、河川の改修など治水による耕地の安定が急務であった。父秀勝とともに、築城と治水による民生の安定に多くの努力をはらった。築城は、城郭の土木工事から門・櫓・居宅の建築へと進展した。城下では、新町の建設が開始された。治水による新田開発も大きく進み、分家を創設するまでに至ったのである。

新発田藩主となってからの、宣勝最初の軍役は、慶長十九年の高田城普請手伝い及び同年の大坂冬の陣の際の江戸城警固であった。翌慶長二十年（一六一五）には松平忠輝に従って大坂夏の陣に出兵した。続く同二年には忠輝改易後の糸魚川城在番、同九年将軍家光上洛の際の警固がある。

寛永五年（一六二八）宣勝は病床に臥し、秀忠・家光から見舞いの使者を迎えているが、同年十月、江戸屋敷にて没、四十七歳。

宣勝の墓

三代溝口宣直《のぶなお》

慶長十年（一六〇五）新発田にて誕生。父は二代藩主宣勝、母は越後春日山城主堀秀政の娘。寛永五年（一六二八）父宣勝の死去により家督を相続した。

この年領内の検地を行い、新田打出し分一万五千五百石を弟たち又十郎（切梅）に六千石、内記（池之端）に五千石、左京（二ッ堂）に四千五百石と分け、分家をつくった。新発田藩領の表高としては引き続き五万石であった。

宣直《のぶなお》の時代は将軍家光・家綱の時代であり、幕府の権威が確立して、平和な時代となったため、それまでのように軍役が求められるというようなことはなくなったが、その代わり江戸城普請を中心とする各種のお手伝い、勅使や朝鮮使節の接待など巨額な経費を要する公役が次々と課せられ、その成否が大名の命運を決する時代となってきた。寛永六年と十三年の江戸城の各種工事、寛文二年（一六六二）の芝増上寺修理、寛永十六年の将軍の京都上洛の際の警固、諸大名の改易に伴う居城の在番や大坂の加番を勤めた。また京都からの勅使、公卿、門跡らの接待・饗応の役目が頻繁に課せられている。朝鮮使節の接待も二度務めた。明暦三年の「振袖火事《ふりそでかじ》★」は江戸城本丸・二の丸を焼き市中へも拡がっていった。この

溝口宣直

▼振袖火事
一月十八日から一月二十日にかけて、当時の江戸の大半を焼失するに至った大火。江戸の三大火の筆頭とされ「丸山火事」とも呼ばれる。

火事で藩の上屋敷は全焼、また寛文元年の大火でも藩の屋敷が全焼しているが、一方溝口家は江戸での大名火消しの重要な役割も担った。正保年間（一六四四〜四八）には国絵図や城絵図の作成を命じられ、越後の諸藩との協力・調整により完成、提出した。

国元新発田領では寛永十年（一六三三）九月、連日の大雨で阿賀野川が決壊して信濃川に合流、そのため川口東岸の沼垂町《ぬったり》が危機に瀕してついに町をあげて移転しなければならない事態となり、藩の総力をもって対応に当たるという危機的事態が発生した。また承応三年（一六五四）八月、大雨で領内は一面の大洪水に見舞われ被害甚大であったが、翌明暦元年新発田川の改修・付替え工事は幕府の認可を得て工事を急ぎ、これによって水害が大幅に防止され、田畑の収穫量が画期的に増大、藩財政に資すること大であった。

この時期、新発田では、城がほぼ完成し、城下の整備も進行していた。明暦元年（一六五五）に五十公野《いじみの》御茶屋を、万治元年（一六五八）には清水谷に下屋敷を造った。ところが、寛文八年（一六六八）三の丸家中屋敷より出火、本丸・二の丸・三の丸を焼き城内の建物のほとんどを焼失、さらに家中八五軒を焼き民家へも延焼する事態となった。さらに翌九年には大地震に見舞われ、城の石垣が崩落するなど大きな被害を受けている。その年より城の修復工事に着手し、三十余年の歳月をかけて、ようやく完成するに至った。

宣直は、寛文十二年願い出により隠居し、延宝四年（一六七六）死去した。七十二歳。

逸話……剛強の人で、体力保持のため、時々庭石を抱いて運んでいたという。

堀部安兵衛が活躍した赤穂浪士の事件は、次の四代重雄《しげかつ》の時代のことであったが、三代宣直も殿中で侮辱を受けるという事態が発生した。隣藩村上の若年の藩主松平直矩から、新発田の城は攻め易い城であると、揶揄を含んだ言葉を受けたのであった。攻め取れるなら攻めてみろと言いたいところをぐっと我慢した。このとき、ちょうど居合わせた会津藩主保科正之が宣直の面目を救ってくれたのであった。「拙者が後詰めいたし候間、お心安くおぼしめせ」つまり私が後ろに控えて、掩護するので安心して戦いなさいと言ってくれたのである。言葉が過ぎる、私が相手になってやると叱責されて、直矩は二の句がつげなかった。実はこの前に、直矩はわずかな供をつれて、お忍びで新発田城の偵察に来ていることが把握されていたという。追っ手は、このことを承知の上、あえて深追いをせずに逃がしたと伝えられている。

四代溝口重雄《しげかつ》

寛永九年（一六三二）三代藩主宣直の長子として生まれる。寛永十七年八歳のとき、将軍家光の謁見を得る。寛文十二年（一六七二）四十一歳のとき先代藩主の隠居により襲封した。

延宝元年（一六七三）、勅使の接待を務めた。延宝二年に藩主として領内を巡視し、同四年家中に対し心得書や諸法度を発布している。延宝六年領内最後の総検地を開始し、貞享三年（一六八六）に終えている。領内の新田開発高は、入封以来八十年間で約三万石となり、内高が八万石となっている。が一方貞享四年、支藩の沢海藩が所領没収されるという事態が発生している。藩主の酒狂が原因とされる。

延宝九年（一六八一）泉州堺から鉄砲百丁を購入、藩の備えとした。この年及び貞享二年、越後騒動の一件で改易された松平光長の高田城の在番を務めた。貞享三年新発田城下より出火、百軒ほど焼失し蓮昌寺・三光寺も類焼して翌日ようやく鎮火した。

重雄は、自ら儒生を招いて学問を聴講するとともに、家臣にもこれを奨励した。

溝口重雄

貞享五年家中および領民に対して「覚《おぼえ》」を公布した。これはそれまでの領民統治の条々を再編整理したもので、これ以後領民統治の基本法として廃藩まで至っている。元禄十・十一年神田橋御門の門番を務め、十一年には麻布新堀の普請の手伝いを命じられている。元禄十四・十五年江戸城桜田門の警固を担当した。

宝永三年（一七〇六）、願い出によって隠居、悠山と号し自適の生活に入ったが、宝永五年、七十七歳で死去した。

逸話……重雄の気性の激しさには特別なものがあった。ささいなことで家臣に暇を賜り、彼の代で七五名が知行召し上げとなったといわれる。耳をつかんで、引き回したこともたびたびあったとのことである。この人が堀部安兵衛の父中山弥次右衛門に上知を命じなかったなら、安兵衛も新発田において静かで平和な一生を送っていたのではないだろうか。

一方、先代の好みを受け継いでの、重雄の能好きも特筆すべき彼の一面である。元禄年間、国元新発田に能を普及させるべく数々の試みを行っている。能舞台を建て、江戸からも能役者を招き、家中や城下の町民にまで観覧させた。江戸幕府の風習を模したものであろうか。

重雄の墓

五代溝口重元《しげもと》

延宝八年（一六八〇）新発田において出生する。元禄二年十歳のとき、将軍綱吉にお目見えし、宝永三年（一七〇六）先代藩主の隠居に伴い第五代藩主として襲封した。

宝永四年六月大雨で出水、損毛四万五千石に達し、流家一九軒、潰れ家一七三軒に達した。藩主として初めてお国入りした重元は、この実情を視察している。宝永五年神田橋警固、翌六年日本橋材木蔵火の番、同七年桜田門警固など警固役も相次ぎ、接待では宝永六年勅使接待、正徳元年（一七一一）朝鮮使節接待を務めている。

正徳三年、領民には義民と呼ばれた大竹与茂七の一件★がある。この際の処刑がたたったとされる享保四年（一七一九）の新発田町の大火は与茂七火事といわれ、藩財政に大きな打撃となり、その後の窮乏のきっかけとなる。この年領内に御法度書を公布している。これは藩独自の法度であるが、毎年大庄屋方にて組中名主へ申し渡し、名主宅では百姓に読み聞かせる制度で、領内への法秩序の徹底的な理解と励行を指示したもので、藩主重元の積極的な意欲をうかがわせることがら

▼与茂七騒動
一五六ページ参照。

溝口重元

である。重元の代で特筆すべきは、先代に続いて学問を奨励したことである。正徳五年の触書きで、四書《ししょ》の講釈を毎月聴講するよう藩士に申し付け、藩主も在城時には自ら聴講している。しかし藩財政は打ち続く水害・地震・火災などで苦しくなる一方で、藩士給与の前借り、百姓の年貢前納という手段でも賄うことができず、ついに強制的な献上という方法で赤字の穴埋めをするに至った。すなわち重元が三十九歳での死去の享保三年、「御用米」や「才覚金」と称して有力な百姓・町人より献上させるよう命じている。

逸話……重元の初婚の妻は、お産に際してその男児とともに逝去した。後添えとして京の公卿中院《なかのいん》右大臣通躬《みちもと》卿の娘・誠《まさ》姫を迎えた。さて重元は、かねてより京の禁裏の女官の雅やかな姿をひと目見たいとの、御意をもらしていたのであった。このことを奥方に伝えたところ、ご覧にいれましょうというのである。父に話して、京都から衣装を取り寄せるとのこと。しかも、奥方自ら着てお目にかけるというのであった。

やがて御簾が上がり、そこに臈《ろう》たけた風情で扇を手に端然と座る奥方の姿を目にした重元は、近侍ともども思わず平伏してしまったという。重元は、気性の烈しい父に似ることなく、純真で気の優しい殿様であったと伝えられる。

重元の墓

六代溝口直治《なおはる》

五代重元の長子として宝永四年（一七〇七）に誕生、父重元が三十九歳で没したので、享保三年（一七一八）十二歳にして襲封した。

直治が家督を継いだ翌享保四年二月、江戸大火で藩邸の本所屋敷は長屋のみを残して全焼、続いて国元では四月未曾有の大火に見舞われた。城下の長行寺より出火、本丸・二の丸を残して城の大半を焼き、さらに家中屋敷・町家・寺院堂塔など千余戸をなめつくして翌日ようやく鎮火するという大火であった。この「与茂七火事」によって、藩財政の赤字は本格的なものとなり、同年新発田藩でも家臣の俸禄の一部を藩が借りる借上米制度をとるに至った。直治は財政再建のために、借上米・町人への才覚金の賦課という借金政策を採用すると同時に、将軍吉宗と同じく自ら厳しい質素倹約を実践している。吉宗は朝夕の食事も一汁三菜に限り、衣服も日常は木綿以外着用しなかったといわれるが、直治もまた、自ら粗衣粗食をいとわず、家臣にも綿入れの羽織着用を禁じた。そして庶民に対しても風俗の華美を厳重にいましめた。さらに文武を奨励し、先代重元の時代の四書講義を享保八年に一カ月間に一日増やして六日と定め、直治臨席のもとに広く家臣

溝口直治

たちに教育を受けさせた。この講義は以後城中の定式となった。また剣術稽古、軍学稽古、弓術稽古も始めた。他にも足軽の弓・鉄砲の訓練、藩士の馬術訓練などを盛んに行わせ、直治自ら臨席して尚武の風の高揚をはかっている。

直治の治世において注目すべきものは、大規模な治水事業であると言える。新発田藩では藩祖秀勝以来、代々治水と新田開発に力を注いできており、そのために四代重雄の延宝検地までの約八十年間で、表高五万石は実高八万石となるに至った。次いで、六代直治の治世となって治水政策はいっそう推進されたのであった。これは将軍吉宗の殖産興業政策の影響と、連年の水害による財政の困窮化に立ち向かうための、ほかに選択の余地のない必然的な対策であったといえる。直治時代の治水事業の主なものは幕府の紫雲寺潟開発を契機とする加治川瀬替え・松ヶ崎掘割・福島潟干拓などである。これらはその偉大な業績を今日にまで遺して、大きな恩恵を農民に与えてきた。享保十七年（一七三二）妻を娶ることなく二十六歳をもって逝去。

直治の墓

七代溝口直温《なおあつ》

先代直治は病弱で嗣子なく、切梅分家溝口直道の四男亀之助が継嗣として迎えられた。享保十七年（一七三二）先代の死去に伴い十九歳で家督相続。以後、直温の治世は三十年間の長きにわたる。

この間、幕府は吉宗から家重《いえしげ》の時代へと移るが、享保の改革の成果があらわれて財政も持ち直すに至った。一方新発田藩では、享保四年に始まった借上米制度は依然として継続されたが、連年の水害は止むことなく、そのうえ幕府より阿賀野川改修・治水工事の命を受けて直温時代前半の藩財政は好転を見せることがなかった。ところが、寛保年間（一七四一～四四）になると、さほど大きな水害にあうこともなく、領内は連年の豊作で藩財政の好転を見て、次の延享年間（一七四四～四八）には約三十年ぶりで借上米制度が停止され藩主以下一息をつくに至った。直温が、「世にも奇」★とされた長寿の者や孝行者への手当て米支給を始めたのは、この時代からであった。だが一方、豊作が米価の下落をもたらし、必ずしもそれが藩財政の立て直しに貢献したといえなかったのは、皮肉なことであった。

そしてこの一服もつかの間、宝暦七年（一七五七）には被害額五万三千石余という藩史上第二の大水害にみまわれ、その前年の江戸屋敷の貰い火（類焼）もあり、借上米の対象は役料米金★から本俸へと拡大され、内実も半知（半額）という厳しいものとなった。以後直温の治世下で半知借り上げが停止されることはなかった。

溝口直温

▼「世にも奇」
水戸藩士で江戸後期の地理学者、長久保赤水のことば、「養老の仁政」とした。

▼役料米金
役職に応じた諸手当。

宝暦十一年（一七六一）に隠居し、安永九年（一七八〇）没、六十七歳。

逸話……直温は絵画・俳諧等々諸道に造詣深く、また宗教心をも持ち、歴代藩主のなかで異色の傑出したいわば文芸君主なのであった。実家である新発田郊外の切梅の一字をとって「梅郊」と号した。当時、江戸市中でもゆえをもっての、よく知られた大名のひとりであったが、平賀源内と重なる時代を生きた藩主なので、その興味と関心、才能が自然科学にも向けられることがなかったことは残念である。

がしかし、もともと分家の出であったればこそ、このような自由な発想・行動もありえたのかもしれない。ともかく、現代人にとっても、目が覚めるような生き方をしたひとであったと言える。

八代溝口直養《なおやす》

直温とその側室森氏美代との間に享保二十年（一七三五）に生まれ、宝暦十一年（一七六一）先代の隠居により家督を相続した。幼少の頃より稲葉迂斎に就いて経書の講義を受ける。師の迂斎は崎門朱子学の創始者山崎闇斎《やまざきあんさい》の高弟、佐藤直《さとうなお》方《かた》の門弟で当時著名な学者であった。

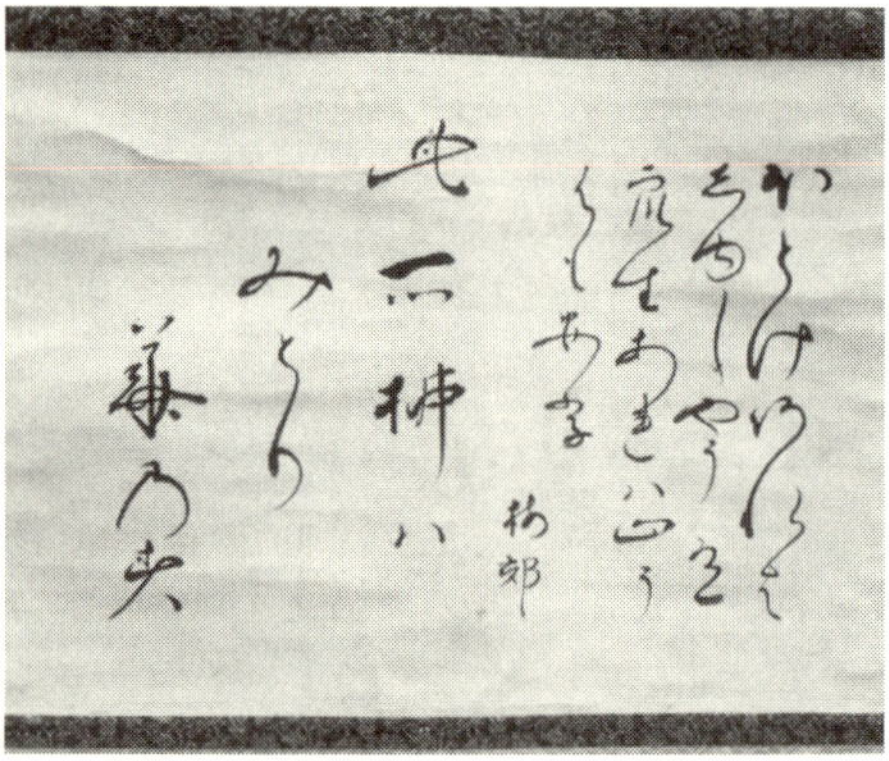

梅郊の俳諧（新発田市立図書館蔵）

釈文
ほとけあれば
しゅじょうあり
衆生あれば山う
ばもあり
梅郊
此所柳は
みどり
華の春

例によって、各種の警固役を次々に命じられ、明和元年（一七六四）には朝鮮使節の出迎え・接待役を務めている。

明和五年（一七六八）佐渡（一国天領）騒動★が勃発、その鎮圧のための兵を準備せよとの幕命が下り、出雲崎に船と兵を待機させたのであったが、実際の渡海までには至らぬうちに治まった。

直養の特筆すべき業績としては、歴代藩主の精神を受け継ぎながら、領内統治の基軸・基礎としての藩学を確立したことである。そのことは、彼が明和九年（一七七二）に創設した藩学校に「道学堂」と命名し、自らその扁額を掲げ、領民にも聴講を許したことからも窺うことができる。直養は「貴きも賤きも学問すべき事にて、百姓などいらぬ事というは心得違いなり、末々まで皆学ぶべし」（「安永令」）と述べているが、連年の水害などによる藩財政の疲弊と領内の不安に対して、士庶ともども精神主義をもって立ち向かおうとしたように思える。がしかし、また精神主義のみで対処しようとしたわけでもないことが、彼の秀でた一面であったのである。村々に社倉を設け米を蓄えて不作の備えとし、藩医師には領民に対する無償の施薬・治療をさせている。安永五年には、全国で三番目という医学館をつくっている。また藩政の基本法としての「安永令」を九年に発布して、士庶の規範として、徹底させることを各層指導者たちに命じている。孝行者や善

▼佐渡騒動
年貢米をめぐる一揆

溝口直養

行者への表彰・米支給も、先代に続くこれら支配者としての儒教的な実践ととらえることができる。

天明六年（一七八六）五十一歳のとき、次弟の長子直侯《なおとき》に家督を譲り隠居した。退隠後は「浩軒」と号し、高位高官や文人墨客との交友と著述など、広い交際、自らの学究などで余生を送った。寛政九年（一七九七）六十三歳にて没。

逸話……藩の正史には遺されていない話がいくつかある。これはそのひとつである。新発田町総鎮守の諏訪神社の境内を流れる御手洗川には、かつて「仙台藩お礼の石」と呼ばれた石橋がかかっていた。今はその残片が遺されているのみなのであるが、仙台産の石材であることは確認できる。これは、天明の飢饉の際に、仙台藩の懇願を受けて、自藩でも同様の苦境のなかで直養は救援米を贈り、その感謝の意を表すために寄せられたものであると世間で言い伝えられてきた。代々、京の公卿や大藩の藩主と誼《よしみ》を通じて、藩の安泰をはかってきたのであるが、これもその方策のひとつだったのであろうか。自国の領民の困難のなか、他藩に米を贈ったなどとは公にできなかったのだろうと思うのである。だが、現実的に考えてみれば、米を運んでいった当時の「和船」が、帰りは積み荷がないという事態は、それが航行での遭難に直結する可能性があったわけで、船の安定性を保つためのバラスト（荷重）として持ち帰ったというのが事の真相ではなかっただろう

溝口直養の墓

か。

九代溝口直侯《なおとき》

先代直養に子がなく、後継は次弟の直信と決まっていたのであるが、直信は三十一歳で夭折したためその子直侯が襲封する。直侯は安永七年（一七七八）に出生、先代の隠居により天明六年（一七八六）、九歳で家督を相続した。

天明から寛政にかけて天候不安定で不作の連続であったが、新発田藩もその例外でなく、天明八年六月からの大雨で信濃川・阿賀野川・加治川などが決壊氾濫し、藩の石高に匹敵する損毛五万石余という大損害をこうむった。このような苦しい財政のなかで、天明六年関東伊豆の川普請手伝い、享和元年（一八〇一）江戸城本丸石垣普請手伝いを命じられている。また寛政五年（一七九三）二月異国船打払いの達しに伴う佐渡警固役の下命がなされ、船の建造、大砲の鋳造に、領内の海浜の備えなどで、財政の困難さはその度合いを深めた。その上、寛政元年（一七八九）には幕府から陸奥の楢葉・信夫・田村の三郡と越後蒲原郡の二万石との交換を命じられた。石高は同じ二万石でも、やせた山間地と豊かな平地との交換であり、実収入の大幅な減少をもたらし、藩財政に打撃を与えた。この突如

溝口直侯

溝口直侯の墓

としての領地交換は、寛政元年の「清涼院様一件」★と呼ばれた、藩の要職をめぐる内紛・権力闘争に対する、幕府の処分であったとされる。

直侯は、享和二年二十五歳をもって死去した。元来蒲柳《ほりゅう》の質で常に薬餌に親しんでいたのであるが、幼時の減知に等しい二万石の領地換えについては、自分の所為《せい》ではなかったにもかかわらず、生涯心を悩ませていたという。

▼清涼院様一件
一六五ページ参照。

十代溝口直諒《なおあき》

寛政十一年（一七九九）直侯を父に新発田で生まれる。先代の早世で享和二年（一八〇二）四歳で襲封した。

直諒支配の文化・文政期は、ロシア等の近海出没の頻発に伴う幕命による領内の海岸警備及び佐渡への警備のための出兵、家中藩士の武具の整備、大砲の鋳造などによる莫大な臨時的支出のほかに、江戸お屋敷替えによる普請・ご馳走役による出費、姫様の婚姻などが加わり、寛政期に続いて藩財政の窮乏著しく、毎年のやりくりはたいへんなものであった。

が、このような日本をめぐる国際情勢の変貌もそのひとつの契機として、代々受け継がれてきた学問重視の施策は、直諒の時代にはいっそう強化されたのであ

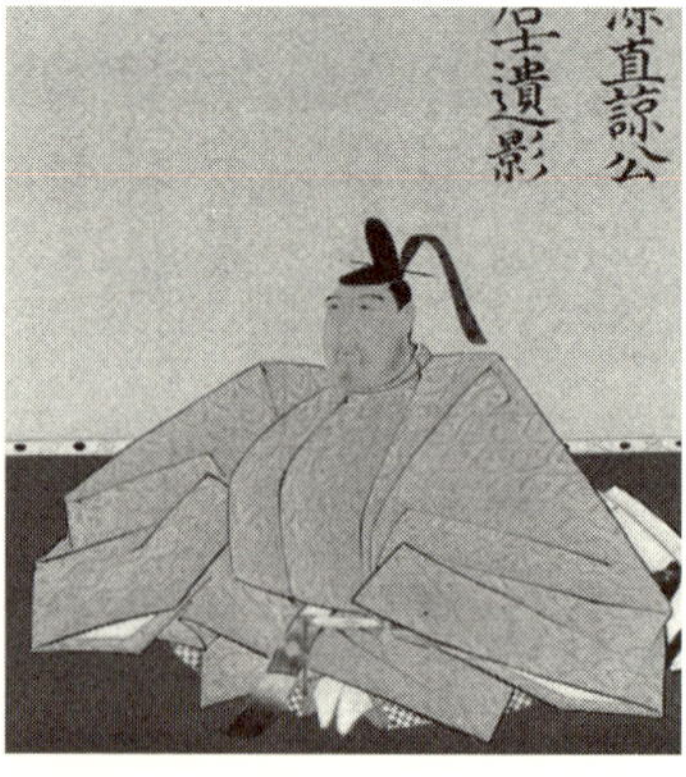

溝口直諒

った。その学問も尊皇思想を主軸にすえた朱子学であったがため、従来新発田藩の動向に大きな影響を与え続けてきたのであるし、東アジア情勢の不安定化は、直諒の時代にその一斉開花をもたらしたという感を強くいだかせられるのである。すなわち、直諒幼児より儒臣佐藤明善がきびしく修学の指導を施したので、成人となってからは領内士庶への教育に力を傾け、先代に引き続き藩学の講義を庶民一般にも聴講させ、藩主自ら臨席して講義を受けるなど、家中・一般庶民へ範を垂れたのであった。そして、アヘン戦争などあわただしさを増した東アジア情勢に、危機感を持った直諒は、「報国論」「開国論」「海防論」などを著して各方面に問題提起・建言をなすなど開明的な藩主として著名である。

当時は開国を迫る外国船が近海に出没していたため、それへの対策として幕府から種々の下命が頻発している。特に日本海沿岸はロシアの艦船が近づき、緊迫した情勢となっていた。文化四年（一八〇七）五月蝦夷地に異国船が来襲して騒乱をなすという情報があり、日本海沿岸は厳重警戒せよとの指示があった。長く続いた平和な時代に、藩士の武装もおろそかとなっていた。そこで、藩は支度金を支給して武具の整備と武術稽古をうながし、要所に物見役を出している。翌五年正月ロシア船が近づいたならば、打ち払うか拿捕《だほ》するようにという指令で、新潟港とその対岸の新発田領沼垂湊《ぬったり》にも警戒態勢をしき、大砲の鋳造発注と砲術の訓練を家中に命じている。佐渡防衛も担当させられ、寺泊の船大工に船の建造を発注して渡海の準備を行っている。この時代他藩では一揆騒動が次々と発生していた。文化十一年には蒲原・岩船・古志の各郡を巻きこんだ大一揆があり、藩では厳重な警戒態勢をしき、また天保九年（一八三八）の佐渡一国騒動の際は警戒・鎮圧が下命された。文政十一年（一八二八）十一月に発生した三条地震では、新発田藩も甚大な被害を受けた。また天保四年から八年にかけて飢饉が蔓延して、藩もその対応に追われて、大きな財政的負担をもたらし、危機的な状態となった。そんななかでも、なんとか持ちこたえることができたのは、領内に千町歩を超える大地主が二家もあり、これに続く中小の地主群が存在したことによる。これら地主たちは、小作料収入を元手に勃興した、新潟港を中心とする廻船交易業者であり、北海道の松前交易で産をなし酒造業や薬種業にも手を拡げた産業・商業資本家であった。領内の豪商・豪農からの才覚金なしで窮地をしのぐことは不可能だったのである。おかげもあり、廃藩まで領内に一揆が発生したことはついに一度もなかった。

こんななかでも朗報があった。すなわち文政十二年奥州の領地一万三千石余と蒲原郡のうち一万石余の交換を言い渡されたことである。藩は長年にわたり、旧領返還の運動を続けてきており、それがようやく実現したのである。

天保九年八月願い出が認可され隠居、隠退後は江戸で広く交際を重ね、安政五年（一八五八）六月没、六十歳であった。

逸話……新発田藩五万石十代藩主直諒と、広島藩四十二万六千石藩主浅野斉賢《なりかた》の息女歌姫との婚儀がとり行われたのは文政二年（一八一九）二月であった。このほかにも、溝口家は、幕閣の老中クラスの家や朝廷の有力公卿などとも婚姻を結んでいるのであるが、この婚儀に釈然としないものを感じていた直諒は、家老堀主計《かずえ》に問うている。「この婚約にいまさら申すもいかがと思うが、どうしても合点がゆかぬ。五万石のわが身が四十余万石の大家より娶ったことは不釣合きわまる。誰の説によったのか。義理によってか人情がらみのことか。末ずえの遠きおもんばかりあってのことか」。

家老堀の答え「ご縁組の義は仰せのとおり不相当と思いまするが、何かの場合婚家は御大家ゆえ、ひとかどの御ためになろうかと存じてのこと」。確かに、のちの戊辰《ぼしん》戦争の際などでの場面で、情報とともに助言教示等々、これら各方面での縁組が力を発揮したとは、よく言われてきたことである。

が、歌姫の生涯は幸薄く、子を成すこともなかった。奥方となって二十一歳のとき、庶子直溥《なおひろ》を正室であるがゆえに、手元に預かり養育することになる。嫡子なき奥方見明院は、五十八歳をもってひっそりとこの世を去った。

溝口直諒の墓

ところで、嘉永七年（一八五四）日の丸を国旗に制定したのは薩摩藩主島津侯の奏請によるというのが通説であるが、地元ではこれを発案したのは直諒であるとされてきた。嘉永六年幕府は各藩に軍艦を造るのを許可した。直諒大いに喜びいわく「軍艦を製造せば法規を立て日本の旗章を定むべし。よろしく白帆にして白旗、その中央に紅日を書きこれを国旗とすべし」と。ただ当時直諒は隠退しており、表立った行動をなしえなかったという。新発田では幕末明治を通じ語り伝えられてきたことなのであった。

十二代溝口直溥《なおひろ》

文政二年（一八一九）正月、先代藩主直諒と側室いねを母として新発田で生まれる。天保九年（一八三八）八月先代の三十九歳での隠居により二十歳で家督を相続する。男子一六人、女子一五人の子を持つ。直溥は、天保から慶応までの幕末の混乱期に藩政をとった。しかし、直諒は隠居後も「大侯《たいこう》」と呼ばれて直溥を後見した。そのため、直溥の代の政治には直諒の政策が大きく影響する。すなわち藩是としては尊皇開国策をとった。

直諒は、天保元年より農村の換金作物の奨励、殖産興業や改良農法による収穫の増大をはかるなど農業改革を急速に進めたが、藩財政を立て直すまでには至らなかった。取り組みが遅すぎたのである。また一方外国船が来航し、開国を迫るという動きはますますその緊迫度を強め、ために嘉永五年（一八五二）五月江戸で西洋型大砲の鋳造の発注を行っている。安政六年（一八五九）四月には新潟港へのロシア・オランダの船の入港に伴い、警備のため藩兵を出動させている。万延元年（一八六〇）十二月、五万石から十万石への高直しを命じられたが、同時に藩の各種の負担も二倍に増えた。文久三年（一八六三）十月より農兵を取り立て鉄砲の訓練を開始、各村々へ人数割り当てを行い銃隊組を組織した。具体的な軍事行動としては、文久三年の京都禁裏護衛兵派遣や佐渡警備、野州への出兵がある。安政二年十月の地震は江戸市中に大きな損害を与え、新発田藩の江戸三屋敷とも壊滅状態となった。出費が重なって窮迫した藩は同十一月町・在方へ無利息才覚金三万両の用立てを命じ、また慶応元年（一八六五）十月再び三万両の御用金を命じている。それで藩の借入金は六六万両に達した。戊辰の役には、奥羽越の諸藩の中にあって、国学を中心とした伝統的な藩学の基礎もあって可能な限り中立を保ち、中小地主層からなる農兵隊を組織し新政府軍の先導役を務め勤皇の実をあげた。慶応三年八月、体の不自由を理由に隠退、明治七年（一八七四）四月に五十六歳をもって没した。直溥は性、倹素を好み、点茶や狂歌をたしなん

安政六年、外国船新潟来航

だ。

十二代溝口直正《なおまさ》

安政二年（一八五五）二月、先代直溥の四男として側室西村氏芳尾を母に、新発田で出生。直溥隠退の後を受け慶応三年八月に十三歳をもって家督を相続。

慶応四年（一八六八）戊辰戦争が始まり、新発田藩は当初はやむなく奥羽越列藩同盟に加わったが、新政府軍の松ヶ崎上陸でその先導役をつとめ、会津に攻め入った。藩論は士庶ともども尊皇をもって完全に統一されており、これに異を唱える者はなかった。民間勤皇の志ある者が正気隊、居之隊などを組織して参加した。明治二年（一八六九）、版籍奉還で藩主は知藩事となった。三年七月村替え、翌四年七月廃藩により新発田県となったが、同十一月新潟県に編入された。廃藩をもって、長かった新発田藩の歴史も、藩主としての溝口家の歴史も閉じることになる。直正はその後式部省に勤務したが、明治十九年六月退官、余生は詩歌・書画・謡曲・菊作りなどをたしなみ、大正八年（一九一九）没、六十五歳。

第三章　城下町新発田の姿

城下町のしくみと産業と経済。人と情報、そして物の往来。

1

城下町のあらまし

中世戦国の新発田氏時代の城下町を基礎にして、新たにつくられた新発田。
家中屋敷と町屋敷は明確に分けられ、境界には広い道路が設けられ、
「広小路火除地」と呼ばれ、火災の延焼を防ぐ機能を有していた。

城下町の発展

新発田町は中世の城下町を基盤に、藩の成立とともに急速に発展した。新発田氏時代の城下町は、近世期の上町・中町にあたる。

新発田城下は、家中屋敷と町屋敷とで構成される。家中屋敷地区には築城当初、鍛冶職人の屋敷や諏訪神社、あるいは馬場などを配置したが、家臣団の増加により町屋敷の外側に移し、その跡に家中屋敷をあてた。

町屋敷については、慶長十五年（一六一〇）、上町・中町に続く下町の町建てが、住民の夫役により行われた。この上・中・下町は、町屋敷地区において最初につくられた町であることから、本町と呼ばれた。本町に対して、新しい町ということで新町と称したのは、新発田川の外側につくられた立売町、万町、指物町、

麩屋町、桶町、材木町、紺屋町の七つの町の地域である。この地域はもともと農村地域であったが、慶長末期から少しずつ町屋が建ち始めていたので、藩は元和七年（一六二一）この地の農家の間口調査を行い、左右の生垣部分を返上させて、新たに町を造成したのである。また、職人町は藩のお抱え鍛冶職人の住む町である。元禄元年（一六八八）に防火上の理由で、家中屋敷地区から新町の下手に移され、延宝年間（一六七三〜八一）に、上鉄砲町に並行して裏に、東町ができた。さらに元禄六年には、町裏に新しく町割りがなされた。この田所町は幅九尺の堀をへだてて、新町の南側に町建てされたもので、顕法寺、大善寺、長徳寺などの寺院があって、元和年間（一六一五〜二四）以来、堀が城下町の南端を示していたのであるが、その堀の外まで町は拡大していったのである。そして元文二・三年（一七三七・三八）頃には、下級藩士の住む定役町が、紺屋町・職人町の外側にできた。

町人町の形態はこのようにして、当初の一本の街路から発展して、本町・新町・町裏の三本の街路から構成される町となった。道幅は町筋によって差があり、本町と立売町及び万町は五間幅、指物町から職人町までの新町は四間半、町裏は二間半である。立売町と万町は新町であるが、五十公野方面から城の大手門に至る重要なルートであるので、本町と同じ幅とされている。

火災と都市改造

一方、家中屋敷の区域と町屋敷の区域を明確に分ける作業も行われている。すなわち中町や下町のあたりは、古くは家中屋敷と相接していて、両者を分ける道路すらなかった。しかし享保十三年（一七二八）「新発田町家図」を見ると、境界部分に堀と広い道路を設け、かつ家中屋敷の入口には人数溜★と木戸を設置してある。この街路は「広小路火除地」と呼ばれたように、火災の延焼を防ぐ機能をも有していたのである。

都市改造は、火災後の復興の際に行われた。貞享三年（一六八六）には諏訪神社前に人数溜（上人数溜）、元禄十五年（一七〇二）頃に新道が、享保十一年（一七二六）には新道に抜ける新しい小路が造られた。同十三年、本町の道幅を五間と定め、防火のため屋根を板葺きとした。城下町外の東町や泉町（五十公野組に属していて城下ではない）は、文化十四年（一八一七）の火災後、城下に準ずる町として、復興計画のなかで道路の拡幅と屋根の板葺化が行われ、町場化が進展した。

なお、近隣の五十公野町には、毎年六月に十一日間という長期間の古四王社の

▼人数溜
有事に兵を終結させる所

祭礼市が開かれ、諸国の商人までが集まり、大変賑わった。新発田町の正面の入口でもあって、城下町の副都心的な性格を持っていた。

城下町の人口

町人町の人数は、年代により相違はあるが、宝永四年（一七〇七）の書き上げによると、本町・新町で合計三四〇五人、家数三九五軒、ほかに鍛冶町が三四四人、家数八八軒となっていて、総数は約三七五〇人、家数約四八〇軒であった。一方、藩士の人数は、寛永～延宝年間（一六二四～八一）で給人（知行取りの上級藩士）は約一〇〇人、しかし、それ以後は漸次増加して、宝永五年（一七〇八）には一五一人、宝暦八年（一七五八）には一六一人であった。また、無足人（扶持米、配当米を支給される中・下級藩士）は、お抱え職人なども含めて宝暦八年には一二三一人、文化三年（一八〇六）には一八四七人となり、明治戊辰戦争のときは二九五〇人と急激に増えた。藩士一人にその家族を三人と仮定すれば、おおむね七、八千人前後の人数と推計され、町人町の人数と合計すると、城下町の総人数は約一万一千余人、家中屋敷数は不明である。なお、家中と町人との人数比は、正徳年間（一七一一～一七一六）において六対四で家中が多かった。

② 城下町のしくみ

南北に長いひょうたん状の城構え。藩主は本丸、それを囲んで藩士が住む。新発田町・沼垂町には豪商から選ばれた検断職が置かれ、町政を補佐していた。飢饉や災害に備え、御救い小屋が設置され、緊急時には領民を救助した。

城下町の景観

古い城下絵図を見ると、城の構えは本丸を二の丸がとり囲み、南に三の丸をつき出し、その南端五十公野方向に大手門を開いた南北に長いひょうたん状をなしており、南西部一帯に城下町がつくられている。これは、当時北・東・西の三方が湿田やヤチで、自然の要害になっていた（正保城絵図には〝馬足かなわず〟とある）ためと城下に入るには他領からの街道が、いずれも五十公野を通るようにしてあり、特に中々山以南の赤谷が親藩の会津領で、その方面が最も重要であったためと考えられている。五十公野から大手門に至るには、直角の大きな曲がり角をいくつも通らなければならなかった。城下への幹線道路の両端には上・下の鉄砲町をつくり、それぞれに鉄砲足軽を配置していた。また上鉄砲町から五十公

野の間には杉並木をつくり、いざという場合にはそれを切り倒して敵の侵入を妨害するようにしていた。

城の大手門、大手中ノ門、裏門、西ノ門は枡形門と呼ばれる様式の門で、高麗門と櫓門の組み合わせからなり、平面が方形の二重の門であった。本丸の三階櫓から鉄砲櫓、辰巳櫓の間は今も見られるように、完全な石垣であったが、本丸の北・東面や二の丸、三の丸の大部分は土塁で囲まれていた。本丸は藩主、二の丸の南半分及び三の丸は家老職など上級藩士の居住地であり、中級以下の藩士はそれらをとりまいて住んでいた。

実際に上町から木戸を通り、城内へ入ってみよう。木戸を過ぎると、藩のお抱え職人などが住む御免町である。ここを通り大手門となるが、その左手には鉄砲櫓がある。大手門は、現在の警察署の所にあった。大手門からは三の丸となり、重臣たちの屋敷が両側に並ぶ。しばらく進むと左に掛蔵小路があり、奥には掛蔵役所があった。やがて二の丸中の門が見える。旧県立病院の入口にあたる。中の門を通り過ぎると、二の丸の重臣屋敷前の道で、西にある西ノ門から入って来た重臣屋敷前の道と一つになって、土橋門を通って本丸の表門に至る。この二の丸の堀沿いの道を進み、西の門を左手に見ながら右折すると藩校の講堂や、奥の古丸には蔵屋敷などがある。三の丸や二の丸をとりまいて家中屋敷の七軒町・八軒

本丸の表門、辰巳櫓
（右は時を知らせる太鼓櫓）

新発田城城郭図

（江戸末期）

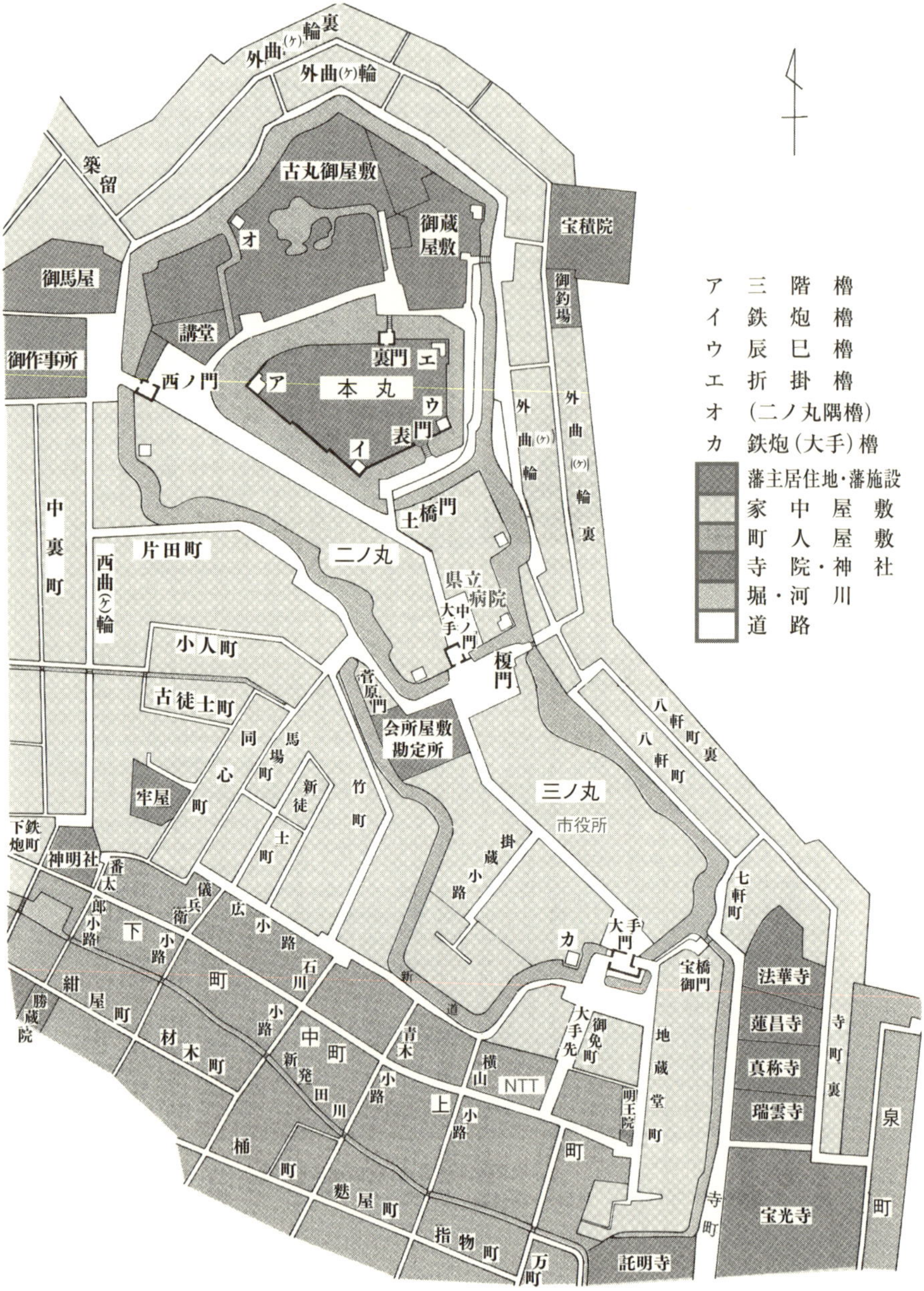

町さらに外ヶ輪・外ヶ輪裏が続く。外ケ輪裏には宝積院（現在は聖籠町諏訪山）があった。本丸の東北の、鬼門にあたる方角に、災いを避けるために置いたのであった。その脇には藩主の遊楽のための御釣場があった。西ヶ輪に続いては、片田町・徒士町・小人町・竹町などの家中屋敷が広がる。

町の自治と町役人

町人町の運営については、町役人の選任など、ある程度の自治権が認められていた。町の支配は、鍛治町を除き藩の町奉行が任命した町方三役、すなわち検断二人・町年寄五人・町代五人、及び会計役の肝煎一人によってなされた。町代の下役に定役、目明し、小走りがいて、治安や雑用にあたった。そして末端の組織として、五人組が組織された。

検断は在方の大庄屋に相当し、新発田藩では新発田町と沼垂町の二町だけに置かれた。検断職は町の豪商から選ばれたが、苗字の名乗りや薄下駄を許された。藩に対しての責務は、藩主の参勤交代の発着の際の挨拶等の儀礼や町政全体に関することであった。役料として米十二石が支給され、諸役（諸税）は免除、そして城下市場などの見世棚役《みせだなやく》（店舗に対する税金）、五十集役《いさばやく》（魚行商人に対する税金）の徴収権が与えられた。肝煎は検断を補佐する会計を担当し、役料は米五石、諸役御免、町場全体から与内米をもらった。町年寄は五人で、銭相場を管理する銭座を務めたり、町場を五町に分け各自その職務を分担したが、無給であった。町代は町年寄同様五町を分担し、実際に町内の細部の仕事をした。米一石八斗が支給され、諸役は免除され、町役人に選ばれるには、三代以上町に居住している家であることが条件となっていた。

町の財政を支える税金は、町家の道路に面した間口の幅により割り当てられ、天保年間の本町の一間当たりの金額は、三五文であった。

家中のきまりと町の掟

新発田藩では、四代重雄・五代重元の時代に家中法度の「御家中欽之覚」並びに領民法度が整備され、以後これらの法度が基本的法律として遵守されてきた。八代直養は「欽之覚」の部分的修正を行った。さらには、旧来の藩法を整理し、幕府法を参考にしながら総合的な法律をつくることを命じた。そこで安永九年（一七八〇）に発布されたのが、「新令」（安永令）であり、天明四年（一七八四）の「新律」（安永律）であった。

正徳六年（一七一六）四月九日
「御家中欽之覚」全九十条から抜粋

一検地・立見・御普請等仰せ付けられ　在中へ罷り出る節　諸事あいつつしみ勤めるべく　百姓へ無体なことかけ申すべからず　定まりの人夫のほか　かたく使うまじきこと

一侍中　勤仕のすきには学問を心がけるべく　子ども十歳を過ぎれば読み物致させ然るべき学問あるいは武芸稽古を習わせ遊興催しまじきこと

一二之丸・三之丸罷り通る節　声高・小唄等禁制のこと　召仕等にきっと申し付けるべきこと

一振る舞いの料理　御定めの通りたるべし　当地まれなる魚鳥を調え　結構のことなきよう　盃取りかわすとも乱に及ばず　何様の祝儀事にても　大酒つかまつりまじきこと

一嫁娶りの道具衣類いよいよ軽くつかまつるべく婚儀の膳部御定めこれなきにそうらえども　結構無用のこと　舅聟の出合いまたは婚礼の節　取り持ちに参る者へ出す料理も一汁三菜たるべきこと

「御家中欽之覚」

「新令」は家中を対象にしたのは十一カ条からなり、第一条では、闇斎学派朱子学を藩学と定め、他の学派を異学として禁止した。他の条文は縁組などの相続法を中心とし、文武奨励・倹約を説いたものである。

町人を対象とした条目を正徳四年（一七一四）の「覚」に見ると、①町人身分としてのふさわしい行動の規定、②市場の秩序維持、③町内での治安維持、④火災への警戒、⑤流通統制、の五点に分けられる。例えば②については、市場での押売り・押買いや喧嘩口論の禁止、狼藉者をかくまうことの禁止、市場にまぎれ込んだ怪しい者の吟味、市を定められた場所で開く、市が終了したら掃除をする、また旅人の忘れ物は追いかけて届け、急病人は養生させることを命じている。

家中に対して寛永年間（一六二四〜一六四四）に出された「定」のうち、城内の秩序に関して、後々まで生き続けた条目としては、二の丸内はすべて下馬せよ、お堀に物を漬けておくな、水泳や魚取りを禁止する、というのがあった。

社会問題と災害への対策

城下町の警戒

新発田城は、藩の政治的・軍事的中枢であり、経済的・社会的支配の本拠であ

正徳四年（一七一四）正月十一日
町方への「覚」全十三条から抜粋

一近年町人ども大脇差をさし　その上目立つ頭巾をかぶり　高き履物をはいているということであるが　かたく禁ずる
一借家人の請合いを禁ずる　また親類でも泊まるときは大家へ届け出ること　遊女は申すに及ばず　あやしい女を置いてはならない
一暮れ以後五ツ時までは格別　その刻限を過ぎて提灯をも燈さず　荷物等を持ち来たる者があるとき　木戸を通してはならない
一灰を捨てる場所については　念を入れて決め捨てるときには　隣家へも知らせるべきこと
一二階にこたつをかけ　また火鉢・たばこの火を上げてはならない　もし止むを得ず外出するときは　火の始末に十分注意のこと

町方への「覚」

るので、その要所には城門、木戸、番所が設置されて厳重な警戒が行われた。城には本丸の表門以下一二の城門があり、その中でも上町からの入口にあたる大手門など、最も重要な出入口の五カ所の門の警戒は厳重を極めた。城内や家中屋敷地区では、夜間提灯を持たない者の通行は禁止されていた。

町人町では各町の入口に木戸を設置したが、文化三年（一八〇六）その数は二四であった。中でも最も重要なのは、町人町の両端に位置する立売町と下町の両大木戸で、ここには特に番所が置かれた。町人町でも、夜間無提灯で荷物等を持つ者は、通行を禁止された。なお城下には、一般旅行者向けの町宿があったが、一泊以上の滞在は許されなかった。

防火のためには、人数溜や「下町広小路火除地」のような空き地をつくって延焼を防ぐ工夫をしたり、防火用の井戸を設置し、また造酒屋に酒桶を提供させて、各所に大水溜桶を設置したりした。風の激しい日には、町役人が総出で、昼夜の別なく町内を巡回した。人々に火の用心を徹底させたことは、言うまでもない。

しかし、これらの達しがなかなか守られず、藩は番人の数を増やしたりして、たびたび警戒の強化を指示している。しかも、こともあろうに、一般の家中屋敷はともかく三の丸、二の丸においても、顔を隠した者や女性が往来しているというのである。何者が、何の用があってのことであろうか？

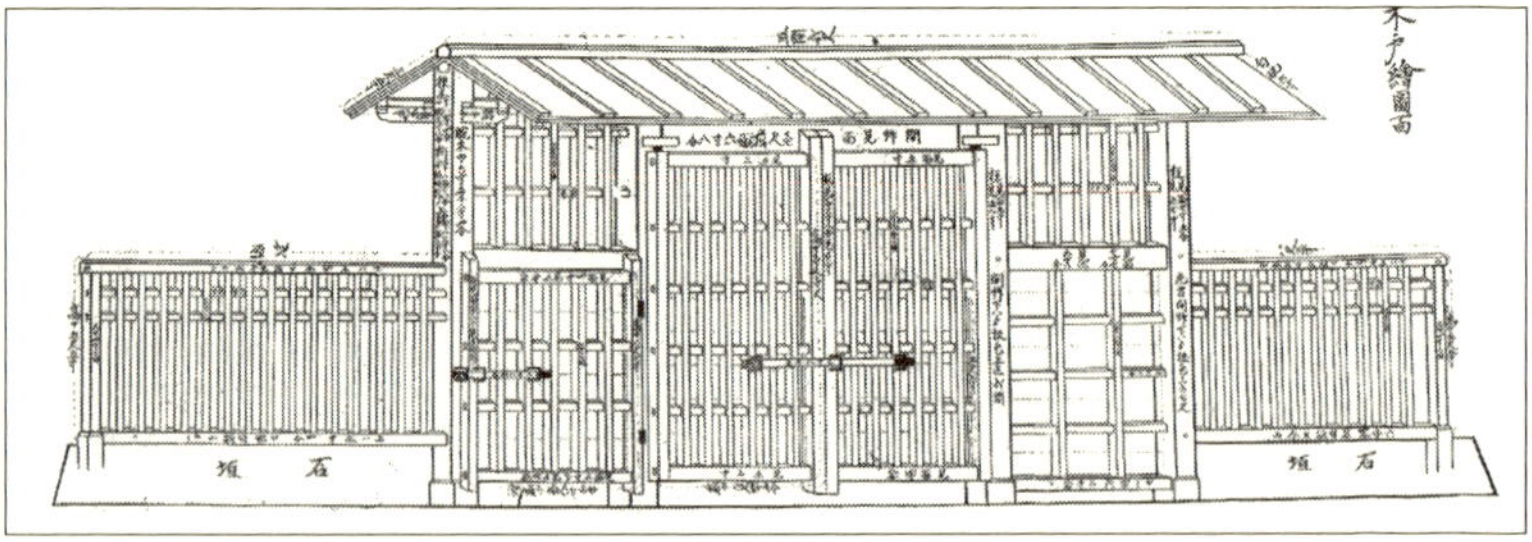

下町の町口大木戸（高橋善夫氏蔵）

城下町の環境対策

町場の人々の塵芥の処理方法は、新発田川などへの投棄であった。そのために水害を起こしたり、飲用水にも使用されているので不衛生になることが多く、明和二年（一七六五）町役人が協議して「年に一度、町人足で川浚いをする、月に五・六度掃除を行い、不法投棄を監視する。これらの費用は、川に橋を架けて用事をたす者五・六軒に、橋一カ所につき銭一貫文を出させて当てる」ことを決めて実施した。また塵芥の川への投棄を禁止するだけでは問題解決にはならないとして、天保七年（一八三六）上町地蔵堂脇など一五カ所に塵芥溜場の設置を計画した。一カ所のみ地主の同意が得られなかったが、処理問題はさらに前進した。

町のし尿は京肥と呼ばれ、近世においては重要な肥料であり、例えば家中の下肥の汲み取りは、特に近郊の三組の農民の権利となっていた。町場でも、戦後まで対価として農家は米や餅・野菜を持参する慣例となっていた。

明治十一年に外国人女性として初めて、単身この地方を旅行した英国人女性のイサベラ・バードは、その著書『日本奥地紀行』で、「狭くて、汚れた加治川（当時はまだ、海岸線に沿って流れ、阿賀野川と合流していた）では、胸をむかむかさせるような肥船が次から次へ続いてきて、たいへん手間どった」と書いている。

新発田川　旧万町裏

災害への対策

水害は春の融雪時期、梅雨期、台風期に集中するが、これに冷害が伴うと飢饉になることが多かった。不作のときにはまず、領民に新酒造りを禁じ、祭礼のときも餅を搗かないように命じた。また、米をはじめ雑穀類の領外移出を禁止する穀留めを行ったり、困窮者には値安米を販売した。また、藩は除米制度や社倉制度をつくった。これは、農民が米を積み立てる一種の保険であるが、借りた者は利息を付けて返済しなければならなかった。新発田町の社倉は米ではなく、銭で貯えられていた。

飢饉になると、領内の飢えた人々が城下に押し寄せる。藩では通例、上鉄砲町入口近く荒町口の上条橋付近に御救い小屋を設置し、大人・子どもの区別なく、一人一日米二合の粥を与え、縄ないなどの賃仕事を与えた。裸同然の者には綿入れが支給された。しかし、他領からの者は追い払われることとなった。

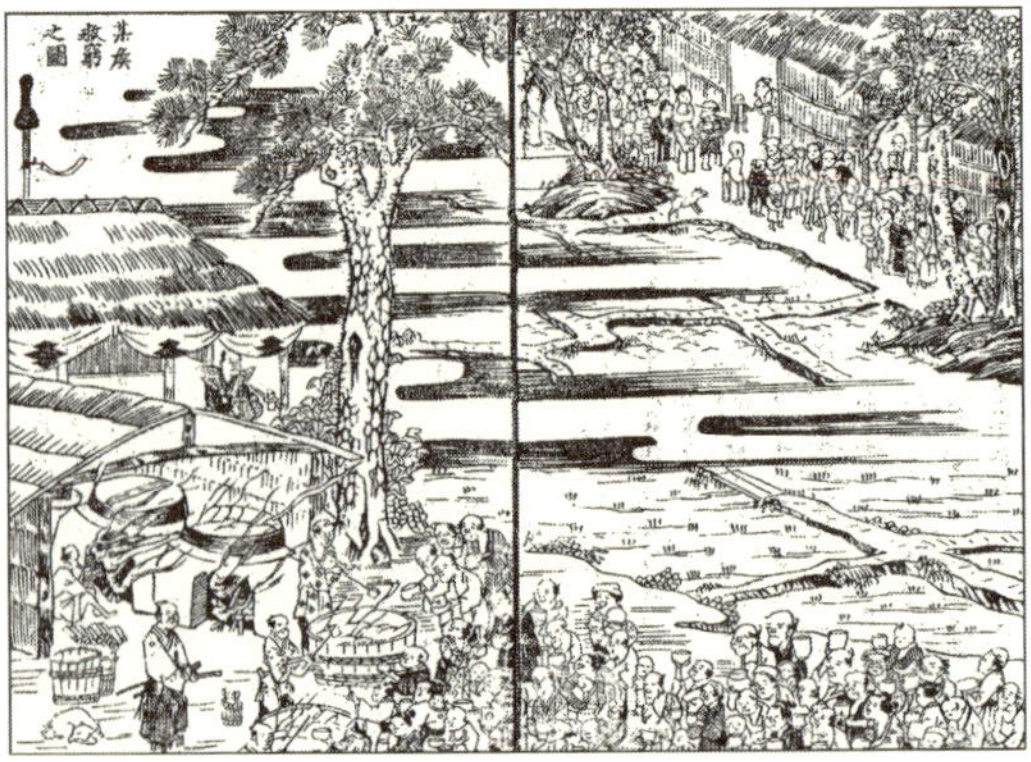

新発田藩による施粥
『救荒孫之杖』より
（新発田市立図書館蔵）

③ 城下町の産業と経済

諸藩と同様、本来自給自足的な産業と経済。だが、新発田藩は米作りを重視。養蚕など他の自発的な創意・創業をも抑制し、廃藩まで特産品・地場産業を成立させるには至らなかった。このことは、現在に至るまでも影響し続けている。

諸産業と職人たち

三の丸大手門の上町から見ての手前に、蒔絵師、塗師、大工棟梁、畳師等の藩の抱え職人が屋敷を与えられて住んでいた。諸役（諸税）免除の特権を与えられていたので、御免町と呼ばれた。抱え職人はこの町以外にも住んでいたが、刀鍛冶・鉄砲師・御羽織師等、その職種は約三〇を数える。鍛冶町（職人町）には藩の抱え鍛冶職人が住んだが、鍛冶役の免除、居宅の貸与等の特権が与えられた。職人の町には鍛冶町、紺屋町、材木町、桶町、麩屋町、指物町等があった。しかし当新発田町においては、藩が町を単位として座の特権を与えることがなかったので、同業者集団としての町は藩法上も、実態上からも存在しなかった。町場全体を見ても、しいて言えば衣料品関係が材木町に多く、食料品関係は上町・下町・紺屋町に多く、住居関係は上町・材木町に、金属関係は鍛冶町に多いと言える程度であった。鍛冶だけはこの中で例外的に鍛冶町に集中していた。常に火を使うので、防火上の理由で住まわせたからである。

米作りを常に政策の第一に掲げていた新発田藩が、藩をあげて取り組んだ産業に、塩・蠟燭・和紙・陶器の生産の四つがある。しかしこれらは、あくまでも藩・城下・領内の需要を充たすためのものであり、民間に払い下げたり、他国に移出をして利益をもたらす、というようなものではなかったのである。

商品の流通と商人たち

新発田町は約一万人の大都市であり、北蒲原の中心都市として広い商圏を有していたので、物資の流通量は膨大なものであった。固定店舗の他、元禄の頃からは本町と新町に市立てをしての十二斎市（月に一二回の定期市、越後で最多）が開かれるようになった。「常の市には一日二千人ほど、盆前の月には一万人ほど」が集まった。三日市藩・黒川藩の村々や会津藩領赤谷村の人々など、遠くは片道約二〇キロの道のりを新発田まで交易に出かけてきた。在方の生産物をこの市場で売り、そして必要な物資を求めたのである。『東海道中膝栗毛』で有名になっ

江戸藩邸への送り荷　品目別重量（年間）
延宝４年（1676）

大分類	分類	品　目	重　量
			貫　目
食品類	魚類	鮭加工品	
		塩鮭	376.400
		干鮭	13.000
		鮭のせわた（の塩辛）	9.600
		甘子（筋子・いくら）	61.400
		子籠（こごもさけ）	372.500
		さし鯖	57.400
		干鯛	16.600
		鯛子	2.000
		昆布・するめ	15.900
		煎海鼠（干しナマコ）	3.100
		塩鮒	1.800
	鳥類	塩鴨	53.300
		塩鶴	3.800
		塩鴨・塩ひばり	2.600
	その他	甘鮨（いいずし）	103.700
		そうめん	7.200
		寒さらし（白玉粉）	12.600
		豆類	14.000
		かち栗・黒大豆	15.600
		山芋	28.800
		漬わらび	80.800
		松茸	2.100
		ゆべし	0.800
		御所柿	12.500
		煎茶	1.600
		ぶんご梅・小梅	2.700
		ごま油	2.300
		しろしめ油	2.600
		忍冬酒（薬用酒）	9.500
		計	1,286.200

分類	品　目	重　量
		貫　目
衣類	反物・布	26.600
	羽綿	2.000
	真綿	77.500
	計	106.100
什器類	文箱・硯箱・屏風	4.100
	たばこ盆	2.000
	重箱類	36.300
	ほかい（行器）	30.700
	札箱	1.800
	台子	9.100
	手洗湯次	12.800
	たらい	7.100
	ふせご（伏籠）	6.900
	くしだい（櫛台）	3.500
	かけばん（懸盤）	21.800
	計	136.100
雑貨類	髪油	2.900
	羽ほうき	2.400
	升	13.400
	かき板（掻板）	5.500
	漆の木の皮	0.800
	筵	52.100
	蝋燭	63.200
	泥障・指樽	9.100
	長挟箱	12.600
	御馬道具	5.900
	紙類	178.700
	計	346.600

新発田町民の職業構成
明治５年（1872）

職種	戸数	内　　訳
食品製造販売	380	米買５・米搗23・米売10・穀物屋27・粉挽５・八百屋21・青物屋３・種物屋１・魚売61・塩物屋13・絞油４・糀屋５・味噌屋３・醤油屋８・酢屋１・豆腐屋18・麩屋４・蒟蒻屋２・煮売屋14・酒造22・揚酒屋５・製茶２・茶売４・煙草切１・煙草屋35・菓子屋44・煎餅屋８・蒸物屋９・飴屋13・饂飩７・蕎麦屋１・鮨屋３・酒杜氏１
衣類製造販売	209	呉服反物屋８・古着屋93・太物屋15・衣類仕立34・足袋仕立６・下駄製造16・履物屋５・綿屋９・綿打７・機織４・染物12
住居関係職業	173	大工職141・屋根葺４・畳職14・建具職４・表具師10
林産物加工販売	138	紙漉２・木挽職27・木羽職11・下駄職15・檜物師６・桶職41・竹細工職２・指物職23・車職１・臼剞職１・材木屋８・竹屋１
金属等加工販売	111	鍛冶職63・銅工鍛冶２・鋳物師１・銅細工職１・銕具屋３・金具職21・鉄物屋２・髪鋏屋１・飾職７・鼈甲師３・陶器焼継２・石工・石切５
武具等製造販売	25	研師11・鞘師７・鞆巻師３・鮫師１・皮細工２・馬具職１
その他製造・販売業	218	彫師１・塗物師７・版木師１・傘職18・提灯張８・筆工２・菓子箱職１・蝋燭掛１・桐油職５・油屋６・薬種屋14・薬湯屋１・売薬業２・荒物屋31・小間物・小道具屋49・瀬戸物屋10・紙屋３・人形屋１・書籍屋１・用品屋１・古道具屋54・古着屋１
風俗営業その他	578	旅籠屋15・郷宿２・貸座敷16・料理屋５・湯屋４・髪結20・質屋４・按摩７・鍼術６・飛脚１・川舫６・医師18・修験・神官７・寺・庵２・筆学２・三絃弾１・卜筮３・世事具渡世１・日雇343・賃仕事109・雇人渡世１
計	1832	この他農家209戸、士・卒・目明等　支配関係203戸で、総計は2,244戸となる。これには、家中屋敷地区である新発田本村や寺町の数字は含まれていない。

た十返舎一九は文化十一年（一八一四）に新発田に来ているが、『諸国道中金の草鞋』に、「このところ商人大家多く軒を並べてはんじょうのところなり。ことさら市の立つ日は近郷にまれなるにぎわいにて遠近の人ここに集まる。ことさら万町というところ両側に古着屋ありてにぎわいければ……」と書いている。近世末、木綿は越後でも生産が増えていたが、まだ貴重品であったので、西国から古着が多量に移入された。

ところで商品の流通について、藩は高田藩のように特定の地区に特権を与えて多種類の商品の流通を統制させることはなく、若干の家に特権を与えただけで、その商品も近世前期では肴（魚）と米、塩の三品目にとどまった。肴については、下町の二軒の問屋に五十集（魚の行商人）の統制、出買い、他所出しの取り締まり、会津藩御用肴の調達、御用鮭の優先買い付け権等々が与えられて、城下の肴の安定的供給にあたっていた。

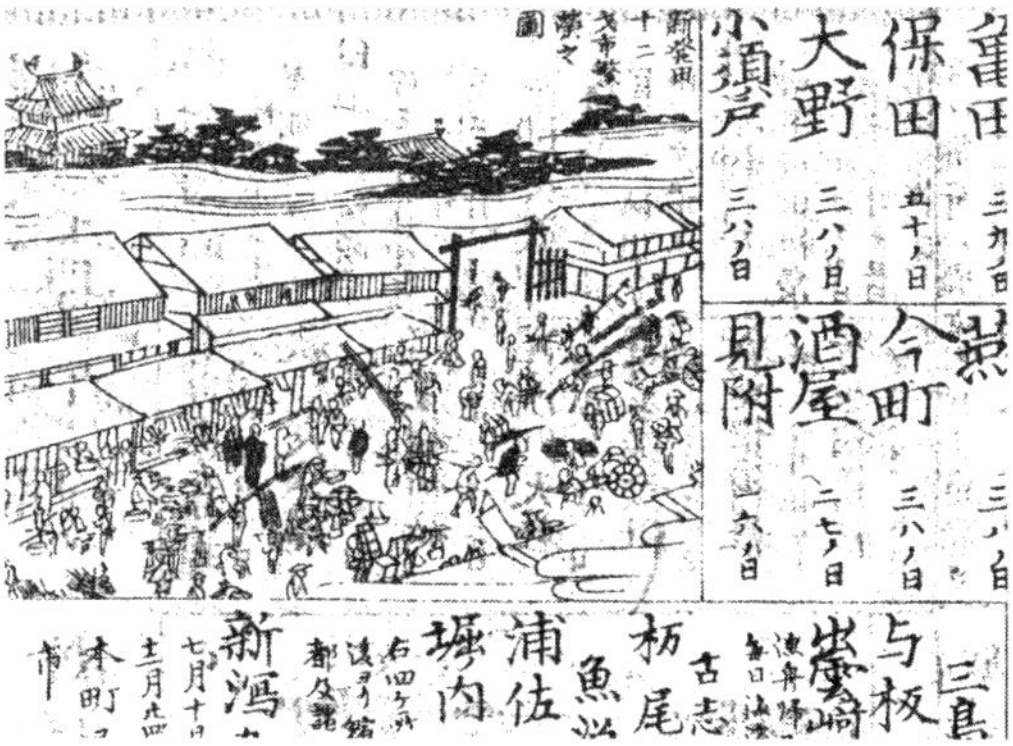

新発田十二斎市繁栄の図
（新発田市立図書館蔵）

初鮭

新発田藩の領内には、阿賀野川など大きな河川がいくつか流れていたので、秋には鮭が多くとれた。そのため、幕府への献上品には塩鴨や干し鱈などというものもあったが、品数として最も多かったのは塩鮭、糀漬け鮭、子籠《ここも》鮭（塩引きの鮭の腹中に塩漬けの卵をつめたもの）、鮭甘子《さけあまこ》（筋子）など、鮭の加工品だった。

藩では初鮭を「番鮭」とよび、五番がそろうまでは一般での売買さえ禁止した。この番鮭には褒美を与えて捕獲を奨励し、一番と二番は早飛脚を仕立てて江戸へ送ったのだった。

この初鮭をめぐって、おもしろいエピソードが伝えられている。

「寛永の頃、町奉行の窪田直正へ、献上もまだ済まないのに初鮭を贈った町人がいた。直正は大喜びの風をよそおい〝献上も済まなければ、殿様もまだ召し上がっていないのに、このようなものを贈られるとは過分であるので、返礼をしたい〟とその町人を勝手へ通した。そして直正は同心を呼び、町人を裸にして背中に鮭をくくり付け、棒で打ち殺せと命じたので、町人は新発田城下を逃げまわった。それからというもの、奉行への賄賂は止んだ」というものだ。

〝魚心あれば水心〟とはならなかったという話である。

④ 城下町の交通・運輸と通信

物の移動は水路、人の移動は陸路が基本的な時代。北陸道・三国街道を串刺しに会津街道が通り賑わった。新発田では早くから、足軽を飛脚として、江戸との連絡に当たらせていた。

人と情報の往き来

正保の越後国絵図により、新発田町を中心とした街道の状況を見ると、新潟町から海岸沿いに松ヶ崎―太夫浜―太郎代浜を経て奥州庄内へと、北陸道が太い線で描かれている。これが北国往還、奥州往還と呼ばれる道である。もう一つは村上町から中条町―館村―加治町―嶋潟村―五十公野町―荒川村―笹岡町を経て長岡へと続く山通りの三

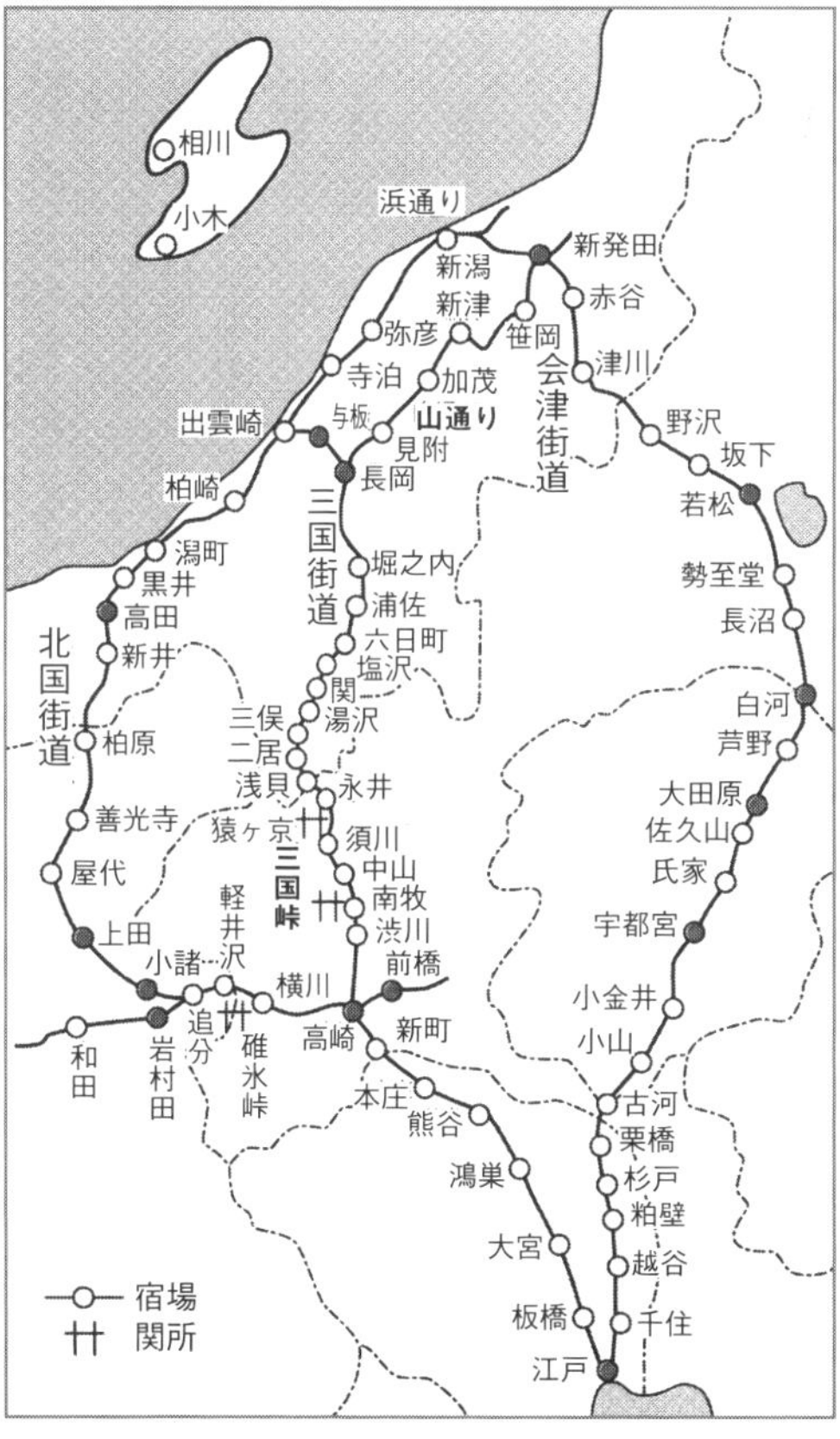

街道図（●は城下町）

国街道が、赤い太線で描かれている。新発田では山通り、荒川往来とも呼んでいた。さらに、この北陸道と三国街道を串ざしにするように、北陸道の太郎代から佐々木・新発田城下を経て、五十公野町で三国街道と連接し、さらに米倉—山内—赤谷と、加治川沿いにさかのぼって諏訪峠を越える会津街道があった。下越の村上や新発田の藩主は、参勤交代の路線として、主にこの街道を利用した。

参勤交代での藩主の江戸への発駕・帰城の際には、新発田町の町人の夫役として、町中から荒谷（現阿賀町新谷）までの伝馬二〇匹を出すことになっていた。また、あらかじめ先触れで宿泊地や休憩地と日付を知らせ、宿場ではそれによって、宿の準備だけでなく人足や馬の用意をして待つのである。江戸までは通常十日間程度を要した。

書状や金銀・為替、小荷物を郵送する人足を飛脚と言う。新発田藩では、早くから江戸と国元の間に足軽を飛脚として両地の連絡に当たらせたが、のちには民間の町飛脚を利用した。情報の伝達は、人の足で行っていた。

物の往き来

近世では、陸上での輸送を牛馬や人の背に頼っていたので、米などの重量物を

定飛脚問屋島屋の看板
（水原町ふるさと農業歴史資料館蔵）

少ない経費で、多量に運ぶためには河川による水運を利用した。その意味で、昔は河川がほとんど唯一の輸送路であって、小川にまで舟が入っていた。さらに遠隔地に大量の物資を運ぶには、海路を利用した。

新発田では古くは築城の際に、石垣用の古寺石★を、新発田川を利用して運んだとされているように、城下町新発田は河川の存在に多方面にわたり依存していた。例えば藩の米蔵は沼垂町にあり、年貢米は新発田川を利用して輸送した。近世末におけるその路線は、猿橋—舟入—中ノ橋—三賀—佐々木—笠柳—内島見—木崎—木伏—名目所—阿賀野川を横断—津島屋—通船川—焼島潟—沼垂、であった。

▼古寺石
粗粒玄武岩の転石状の石材

通行手形（佐久間敏則氏蔵）

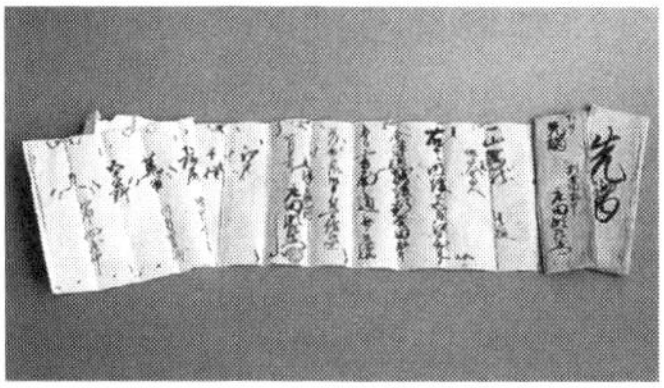
先触（上杉幸雄氏蔵）
江戸から新発田への「下り先触」

5

沼垂湊と新潟湊の争い

大雨が降ると、その流れを阻む幾重もの砂丘列が流路を変え、余儀なくされる湊の移転。これがたびたびの争い・訴訟の基本的な背景となった。新発田藩は三度の敗訴で、領内での唯一の港湾すら失う。これが新発田の物流に大打撃となった。

新発田領の沼垂湊と長岡領の新潟湊

明治元年までに、外国との条約港として開港した横浜・長崎・箱館・神戸・新潟の五港のうち、河口に立地しているのは新潟港のみであった。河口港には、常に上流から土砂が流れて来て、現在でも新潟西港の場合は浚渫作業が不可欠なように、水深が浅くなりがちで大船の繋留が困難であるという事情は避けることができない。また、大雨が降れば、奔流により地形が激変し、流れが全く変わってしまうこともしばしばであった。そして、冬季には日本海から吹きつける強烈な季節風により、帆船である北前船の湊への出入りは、事実上不可能であった。

このような不利な条件のため、明治以降も外国との貿易はふるわず、

中華街も成立するに至らなかった。

江戸期、沼垂《ぬったり》は城下町である新発田町以外では唯一の、町奉行支配になる町であった。

新発田藩は年貢米の約三分の二を沼垂にある藩の米蔵に蓄えて必要に応じ売却し、また廻米船に載せて大坂へ運び換金した。したがって、新発田藩政のことを語る場合には、沼垂湊のことを欠かすことはできない。

沼垂町には寛永十年（一六三三）、信濃川と阿賀野川が洪水により合流する前は、新発田藩のほかに村上藩や沢海藩の米蔵があり、新潟湊に優るとも劣らない湊町であったが、それ以後は河岸の決壊により、四度も町の移転を迫られることとなり、貞享元年（一六八四）に現在の位置に定まるまでの間に、村上藩や沢海藩の年貢米等の取り扱いが、対岸の新潟町人の手に移り、さらには新潟湊に港湾としての各種特権を奪われ、ただ新発田藩の年貢米と藩主の私的な荷物のみ、取り扱いを許される湊という状態となってしまった。

三たび敗訴した湊訴訟

沼垂と新潟との間の湊訴訟は、延宝八年（一六八〇）、元禄十一年（一六九八）、

沼垂の藩米蔵

享保十二年（一七二七）の前後三回に及んだ。

延宝・元禄の訴訟は、新潟町が訴え、新潟町が勝訴し、享保の訴訟は沼垂町が訴えたのであるが、これもまた新潟町の勝訴という結果となった。

双方とも、幕府評定所に訴え出た。だが、幕府の下した判決の根拠となったのは、どうやら一つの河口に実在する二つの湊のうち、どちらの湊が先に開かれて、優先権を持っていたのかという歴史的事実だったように思われる。だが、問題の解決を複雑にし、訴訟が三度にも及び、またその後もいろいろと後を引いたのは、洪水のたびに変わる川の流れ、できたと思えば消えてしまう中島、そのことによる居住地の移転、流転などが大きく影を落としたようなのである。そのような事情からして、両者ともに混乱は避けがたかったのではないだろうか。

日本海の沿岸では、北上する海流の運ぶ大量の砂、そしてそれを内陸に向かって吹きつける猛烈な冬の風、それが形成する、今ではほとんど消滅してしまい、想像することもできない、川水の正常な流れを阻む幾重もの砂丘列。これが、この地方に与えた自然による地形的条件なのであった。加治川も、かつては海岸線と並行して流れていて、阿賀野川と合流していた。春暖に急に流れ下る雪解け水、大雨が降っての洪水による被害を避けることは、当時はなかなか困難なことであったのである。

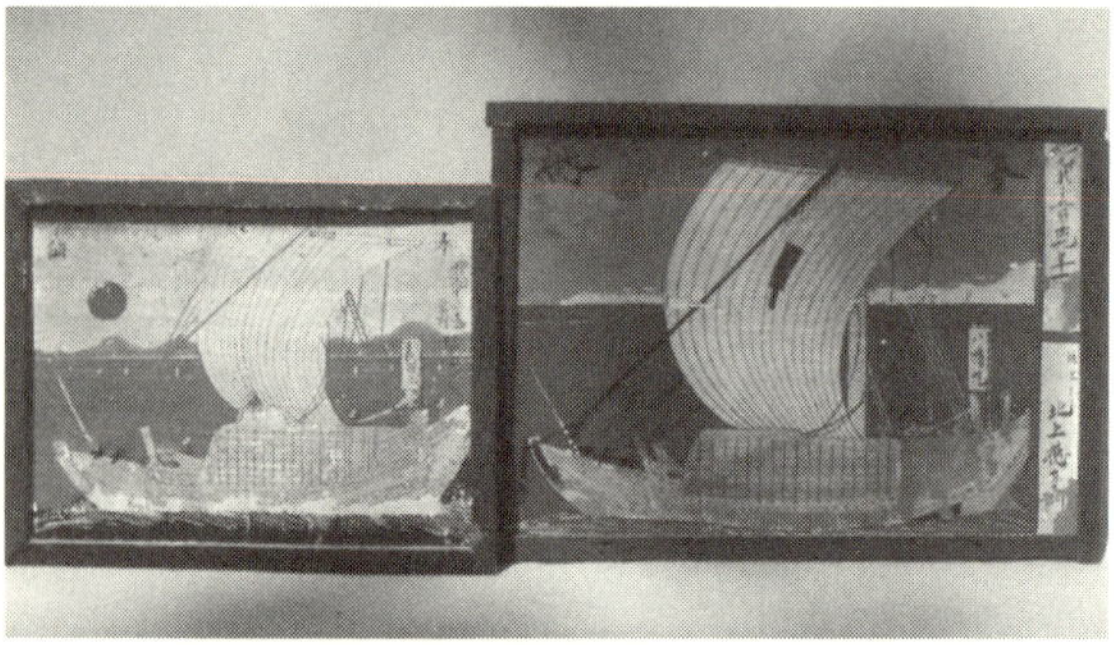

船絵馬
聖籠町藤塚浜、金比羅神社奉納物

①延宝の訴訟

延宝八年（一六八〇）沼垂町は、信濃川河岸が決壊したため、以前沼垂町のあった王瀬に再び戻ることを決めて町割りを行い、そして阿賀野川を直接海に流す、切り落とし工事に着手した。水運の便を考えての工事であったのであるが、このことを知った新潟町は、この水路が将来、阿賀野川の本流になってしまうおそれがある、そうなれば信濃川の水量が減って、新潟湊衰退の危機になるとして、この工事の即時取り止めを沼垂町に申し入れた。

これに対して、沼垂町はそのようなことは杞憂にすぎないとして工事を続行したので、新潟町は新発田藩へ同様な抗議をするが、新発田藩でも、この堀が大河になるようなことはあり得ないとして、新潟町の抗議を受け入れなかった。らちあかずと見て幕府評定所へ訴え出たのが第一回目の湊訴訟であった。

評定所は、沼垂町に工事を一時中止させての取り調べの結果、「新川は取り止めて、旧《もと》のように堀は埋めよ。沼垂町の移転は差支えない」ということで、沼垂町の敗訴となったのである。

②元禄の訴訟

元禄十一年（一六九八）新潟町は、沼垂町農民の住む中洲を新潟町の所属であると主張し、紛争となった。天和二年（一六八二）頃は、両者立ち会いのもと、島の附近の水の深浅で帰属を決めたといわれるが、この島の所属が両湊の興亡につながるということで、互いに譲らず決着がつかなかった。そこで、新潟町が幕府評定所へ提訴したのであった。

この訴訟も、新潟町の勝訴となった。裁決は「湊の儀は、沼垂町百姓が差し出した証文には、沼垂町が湊を支配したことは見られない。二十年前、沼垂町の者が阿賀野川続きに新川を掘った際、新潟町の者が新潟湊の障《さわ》りになるということで訴えを起こしたとき、吟味のうえ、新川は埋めよと裁決された。また元和二年、前の領主が新潟町に公布した『諸役用捨之覚』中に、沖ノ口役のこともある。このことからも新潟湊があったのは紛れもないことであり、沼垂町百姓は妨げてはならない」というのであった。この裁決で幕府は、沼垂湊を新潟湊の一部であるとの見解を示した。かくて沼垂湊は、この訴訟の結果、徐々に衰退を余儀なくされていくのである。

③享保の訴訟

新潟湊は延宝・元禄の訴訟の結果、沼垂湊に代わり繁栄期を迎える。

新潟湊は長岡藩より、新潟湊に出入りの商船から、積み荷の商品の売買高に応じて仲金《すあいきん》を徴収することを許されていた。これは一種の税金であった。

享保十一年（一七二六）新潟湊の役人が沼垂湊を出入りする商船からも仲金を

徴収したことから紛争となった。沼垂町は「湊は、新潟湊・沼垂湊入会のものである。沼垂湊に出入りする商船からも仲金を徴収するのは不当である」ということで、両町で交渉するが話し合いは決着せず、今度は沼垂町が訴えたのである。沼垂町は、この訴訟でも勝訴することはできなかった。その裁決は「訴訟を吟味したところ、沼垂町は両湊入会と申しているが、先年御評定所において、延宝・元禄両度の裁許があった上は、沼垂町の申し分は全く見当違いである。船役銀の取り立て、あるいはその他の船役類の取り立ての先例もあるが、領内の掟であるから差支えない。新潟湊は古来の湊に決しているので、諸廻船入港はもちろんのことである。沼垂湊は在来のように、諸城米船並びに御領主船は別として、諸廻船は一切入港させてはならないことを申し渡す」というのであった。

とどめを刺されたというべきであろう。この訴訟で勝利するどころか、全くの逆効果を生んでしまった。

諸国からの商い船の出入り禁止を言い渡されて、沼垂湊は新発田藩の蔵米と御用船のみの湊となり、こののち発展していく商品流通の流れから全くとり残されるという、湊町・新発田藩としては致命的な打撃を受けたのであった。

なお、この際言及しなければならないのは、今は一面の美田となっている紫雲寺潟の干拓をめぐっての一連の出来事である。現在新潟空港の脇を流れている松ヶ崎の掘割工事に関してのことであるが、この工事は享保十一年（一七二六）に、信濃の人、竹前小八郎の紫雲寺潟開発に伴って行われた加治川治水の方策としての大事業であった。

紫雲寺潟干拓のために、加治川の支流である境川を締め切ることが計画されたが、境川締め切りは領内に大水害をもたらす恐れがあるので、新発田藩は幕府に締め切り工事中止を請願した。しかし請願は通らず、代わりに裁許を得たのが松ヶ崎掘割工事であった。藩では、この工事によって、単に加治川だけでなく、福島潟・阿賀野川の水系までも整理し、領内治水の根本的解決をはかろうとしたのである。したがって新発田藩士と領民のこの工事にかける熱意と努力は、ひとかたならぬものがあった。

ところが、この工事には新潟町の強い反対が起きる。その理由は、松ヶ崎掘割によって阿賀野川の水が失われ、新潟湊の水深が浅くなるというものであった。

しかしこの反対は、幕府の斡旋《あっせん》により、両者の間に妥協が成立した。その条件は、新掘割は阿賀野川満水時の悪水吐《は》き（悪排水）として工事し、常水は今までどおり、新潟湊へ送る。分水路には、常水面定杭と悪水落掘床定杭を打ち、新発田藩・新潟町ともに、厳重にこれを監視するというものであった。

こうして、松ヶ崎掘割工事は享保十五年（一七三〇）八月に新発田藩の費用をもって開始された。ところが、翌十六年、春の融雪期の洪水により新掘割は大破して川幅一五〇間の大河となり、砂丘を突き破って、従来信濃川に注いでいた阿賀野川は、直接日本海へ注ぐ、本流と化したのである。

これに驚いた新潟町は、直ちに復旧を要求し、新発田藩も種々方策を講じたのであるが、復旧は全く不可能であり、その後両者の妥協案として浮上したのが小阿賀野川改修工事であった。

松ヶ崎掘割工事は、新発田藩と新潟町との間に長い紛争を招いたが、新発田藩にとっては、阿賀野川本流化によって、図らずも当初の目的が達せられ、領内の排水は良好となり、新田の増加、耕地の改良等多大な成果をあげることができたのであった。

大坂廻米船の下り船の積み荷は「石」

船であれ、現代の飛行機であれ、往復ともに荷物なり人を満載することが営業上の理想である。

幕府評定所の裁決で、沼垂湊出入りの船は、事実上、大坂への年貢米の輸送のみに限定されてしまった。大坂からの帰りの船に載せる物はない。ところで、空船で廻送するといっても、技術的には喫水線の関係上困難であった。空船で喫水線が浅いと転覆の危険があったのである。そこで、新発田藩の廻米船は石を積んできて、入港直前に海中へ投棄していたのである。村上の寺の墓石には、佐渡の石が多く使われているという。これは、佐渡の金山の金銀の精錬★には、村上のすぐ北の葡萄鉱山産の鉛が使われていたからだという。鉛を佐渡へ運んでの帰り船に、石を積んできたのであろう。

廻米休年

文政十年（一八二七）藩は沼垂町役所に、来年より五年間大坂廻米を休止する旨の通達を渡した。おそらく町始まって以来の大事件だったろうし、町民の驚きは筆舌につくせなかったであろう。藩は廻米休年の理由として、米穀払底・米価高騰をあげているが、それが本当の理由であるならば、あくまでも臨時的にのみ施行されていたはずである。しかし、廻米休年はその後も、安政六年（一八五九）まで続行されているのである。

廻米休年は臨時的措置ではなく、文政十一年（一八二八）の「格別趣法替え」（特別な倹約）という財政再建政策の主要な政策の一つであったのである。藩は

▼**金銀の精錬**
金銀、特に銀の精錬には、鉛と動物の骨灰を利用しての「灰吹法」という技術が使われ、純度の高い銀（南鐐）の生産が可能となった。

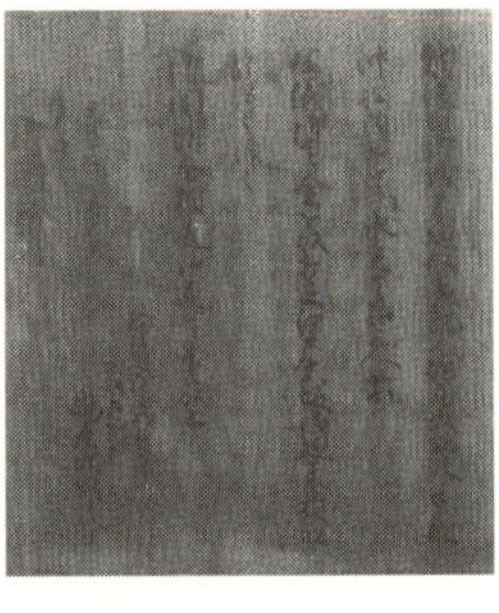

廻船手形（新発田市立図書館蔵）

越後国御城米廻船差配人嶋屋次郎八手船
沖船頭和右衛門水主共拾三人乗
公儀御下ケ金を以打立江戸大坂御廻米積船
於津々浦々
御関所無相違御通可被下候以上
天保十四年卯年六月
越後国蒲原郡新発田町
廻船差配人
嶋屋次郎八
津々浦々
御関所

それまでとり続けてきた港湾維持政策を大きく転換し、採算に合わない部分は切り捨てることにしたのであった。大坂廻米に携わっていた業者は、地元での米売りさばきの世話をする業者へと転身したわけである。藩としては西廻り航路の開発以来、沼垂湊という、他に類例を見ない特殊な条件下に置かれた港湾を使いながら大坂廻米を継続して来たのは、大坂が最も安定した米市場であったからである。したがって、他に不利ではない換金方法の見通しがたてば、大坂廻米に固執する必要はなかったのである。

問題となるのは、大坂での年貢米を引き取り、売りさばき役を担う蔵元との関係である。新発田藩は、これら蔵元たちに大きな借金をしていたのであった。藩の借財高が大きくなると、積み荷の米の何割かは「別米」として借金の返済分として別扱いされるようになっているので、借金を返済してしまわないかぎりは、廻米を停止するわけにはいかなかったのである。その点がおそらく藩と蔵元の両者が一番に頭を悩ました問題であったのであろう。享保十二年の敗訴以降、文化二年(一八〇五)に藩の廻米船の帰り船を完全に空船にしなければならなくなってから、廻米停止を断行するまで二十余年の歳月を要したのは、そのためだったのであると思われる。蔵元側としても、廻米継続の場合の損得計算をしたうえで、結論を廻米停止と決定したのであろう。

衰退の一途をたどる沼垂町に比べて、新潟町は日本海側屈指の新潟湊と中・下越という広大な水田平野、そこに輩出してきた大地主を後ろ盾に、着実に発展しつつあった。新発田藩の年貢米は、新潟町を中心とした地元の市場で換金する方法に転換したのが、廻米停止であった。すでに新潟町の市場は、沼垂の米蔵に集積される年貢米を売りさばくに足るものとなっていたのである。

ただただ嘆息するのは、東西ともに、特に西日本が封建のくびきを脱し、商品経済が根付いてきたなかにあって、新発田が商品の流通に大きな遅れを結果的にとってしまったことである。

港湾でも空港でも、〝みなと〟の存在を軽視してはならないと、強く思うのである。

第四章 城下町新発田の文化と暮らし

二王子山を仰ぎ見ての、藩士と町人たちの日々の生活といとなみ。

1

新発田城下の一年（旧暦）

当時、時は、はたして日々ゆったりと過ぎていったのであろうか。
ただ、季節ごとの食べ物や行事があり、大人も子どもも季節を大事にした。
正月やお盆と、四季にメリハリがあったことはまちがいない。

一月　一日　元日　お雑煮出る。藩士登城、年始のあいさつ、階級の順に三日まで。
三日には町の検断が登城。松飾り用の松は、米倉村等から献上された。
三日　お謡い初め　お手前役者出る。
四日　講堂初め　家臣のうち中・小姓まで聖像礼拝。
五日　お乗り初め　藩主お厩で馬に乗る。
同日　お囃子初め　〝高砂〟、〝東北〟、〝猩々〟など。
七日　七種のお祝い　七草粥出る。
十一日　お具足開き　甲冑に供えた鏡餅を小豆で煮ていただく。お蔵開き。
十四日　御用始め　この日で大正月は終わる。
十五日　サイノカミ　小正月
十六日　会所始め　実質的な御用始め。

十七日　**五十公野千手観音祭り**　観音棒が売られる。
十九日　**牢屋籠改め**
二十八日　**月次御礼**　家臣の月例の総登城。以後毎月一日。
二月最初の午の日　**初午**　城内の稲荷社で祭礼。
三日　**お厩稽古始め**　厩で騎馬の稽古。
八日　**月次講釈**　重臣たち講堂で聴講。以後毎月八日。
三月　**三日**　**上巳のお祝い**（雛の節供）　雛人形を飾る。菱餅・田作り・草餅出る。三月と五月の節供には町在の者に本丸御殿の節供飾りの見物が許される。
四月二十日頃　**大坂廻米御用役人出立**
五月　**四日**　**葺籠りのお祝い**　菖蒲を飾る。菖蒲湯に入る。菖蒲酒。
五日　**端午のお祝い**（節供）　武者人形、幟を飾る。茅粽をいただく。清水谷輪乗場で藩士の責め馬が行われる。家中の子弟は家ごとに旗を持って見学する。
六月　**七日**　**祇園祭**　冷や麦出る。
十二〜二十二日　**五十公野日市**《ひいち》　古四王社祭礼の縁日市。
十五日　**山王祭り**　小豆ご飯出る。
十六日　**嘉祥のお祝い**　杉の葉を敷いた七種類のお菓子をいただく。

本丸御殿端午の節供飾り

晦日　水無月祓い（夏越祓い）　まくわうり、ふすま餅出る。
七月　七日　七夕のお祝い（節供）　七夕飾り。藩士総登城、素麺出る。蓮ご飯で祝う。
十一・十二日　花市　お盆市。
十四～十六日　お盆　会所は休み。十五日に中・小姓まで登城、中元のあいさつ。
二十七・二十八日　諏訪祭礼　小豆ご飯。
八月　朔日　八朔のお祝い（八月一日）　藩主在城の年は家臣総登城してあいさつ。
十五日　名月（十五夜）　団子汁。
九月　九日　重陽のお祝い（菊の節供）　藩士総登城、赤飯をいただく。菊酒。
十三日　後の月見（十三夜）　この頃将軍家へ献上の初鮭（塩鮭）江戸へ向け出立。
晦日　夜神送り　小豆ご飯。
十月最初の亥の日　玄猪のお祝い（亥の子）　日が暮れて餅をいただく。
十月二十日頃　献上の糀漬けの鮭出立　この頃五番鮭が捕れてから、町人たちに鮭の売買が許される。雪の降り始める晦日の頃、越冬用の薪が城下に流れてくる（流木の節季流し）。
十一月二十三日　大師祭り　小豆粥。この頃江戸藩邸越年用の品々や進物用の塩引き鮭、江戸へ向け出立。
十二月十三日　煤払い　この日の晩、米搗きのお祝い。新米のご飯、藩主のお膳に上る。

二十七日　御用納め　会所の御用納め、晩に料理出る。餅搗き、本丸御殿では〝あたたけ〟（温餅）のお祝い。餅とにぎり小豆・田作り。

同日　節季市　城下では越冬用品の市が立つ。

大晦日　歳越しのお祝い　お祝いのお膳。夕暮れに重臣たち、藩主にお肴をさし上げ、お礼のあいさつ

立春の日の前日　節分　夕暮れになって、年男が鬼打豆をまく。

城中御用の夫役

年中行事に伴って、城下の町人たちに課せられた事として、夫役（税の一種としての強制労働）があった。

一、御上下（参勤交代）の時分
一、御餅搗き
一、春秋味噌搗き
一、御裏（藩主一家の住居）の煤はき
一、五十公野御茶屋の近辺に（藩主が）御成りの時
一、掛蔵で御荷物（江戸藩邸などへの）包みの時

2

学問と文化の様相

藩主の参勤交代や藩士の江戸詰め生活で学問がにもたらされた。
参勤交代は、大変な負担ではあったが、それなりの見返りはあった。
私塾・寺子屋が開設され、読み書き算盤が栄えた。

藩校と私塾・寺子屋

新発田藩での学問の事始めは、四代藩主重雄の時代までさかのぼるが、本格化するのは八代直養の時代からである。直養は学問を好み、明和九年（一七七二）二の丸内に講堂を建て（のちに道学堂《どうがくどう》と命名）、また独自に教科書の出版を行うなどして、藩士に学問を奨励した。直養の学問奨励は家中だけでなく、庶民にも障子の外での聴講を許すというものであった。また、社講制度を創設、領内各郷村に講義の場を設けた。このような直養であったが、その信奉する山崎闇斎学派の朱子学以外は学ぶことを禁じた。この異学の禁は、継承され廃藩まで続いた。

民間の教育機関としては、丹羽伯弘《にわはくこう》の開いた私塾「積善堂《せきぜんどう》」があった。伯弘は、郡廻り役という軽輩の藩士であったが、幼少時代から学才があり、文政七年（一

藩校「道学堂」の扁額
八代藩主直養筆

八二四）藩の許可を得て、公務のかたわら自宅に私塾を設け子弟の教育を始めた。のちに、藩から江戸に遊学を命じられたりしたが、天保十三年（一八四二）幕府の大学頭林家に入門し、子弟の礼をとった。しかし、事前に許可なく異学派に入門したことが藩校の教授たちに指弾され、永のお暇をいただいた。伯弘門下からは、島潟の大庄屋小川五兵衛や聖籠諏訪山の大野敬吉など多くの俊秀が輩出した。

寺子屋は、武士・神官・僧侶等が師匠となり六・七歳から読み書き算盤を主に教えた。

医学と和算

医学

八代藩主直養は、安永五年（一七七六）に給人医師筆頭の松田《まつだ》長啓《ちょうけい》に医学館開設を申し付け、また同医師坂上昌安には、採薬方を申し付けた。医学館設立は、薩摩藩・肥後藩に次いで全国で三番目と言われる。この医学館は、家中医師・同子弟及び領内の医師を対象に、医師の養成・研修の機関として設立された。天明七年（一七八七）から、藩は施薬方医師を置いて、病気になっても治療・施薬などがおぼつかない人々に、医薬施行を開始している。

藩版教科書の版木（宝光寺蔵）

丹羽伯弘自画像（新発田市立図書館蔵）

新発田出身で、顕著な業績を残した医家に桑田立斎《くわたりっさい》がいる。立斎は藩士村松嘉右衛門の次男として文化八年（一八一一）に生まれ、十八歳で江戸に出て、蘭方医坪井信道の門に入った。後に才能を認められ桑田玄真《げんしん》の養子となり、江戸深川に小児科を開業した。立斎は捨て子など保育に欠ける乳幼児の救済運動でも知られるが、当時猛威をふるった天然痘の、牛痘接種による予防法の普及に一生をかけた人として歴史に残る。

嘉永二年（一八四九）、長崎のオランダ商館医モーニッケにより、安全な牛痘接種法が江戸にもたらされると、翌三年までの一年間に一〇二八名に接種し、生涯十万人種痘の願をたてた。

松前藩などや商人の搾取と収奪、天然痘の蔓延によるアイヌ人口の急激な減少に、植民地的経営の維持と辺境防衛の観点で危機感をいだいた幕府は、安政四年（一八五七）に強制種痘のため立斎らを北海道へ派遣したのであるが、彼は真に人道主義の立場で力をつくした。

和算

江戸時代に、わが国で独自に発展した数学を和算という。日常での必要性から出発したのであるが、中国から受け入れたわずかな知識で、西洋数学と、ほとん

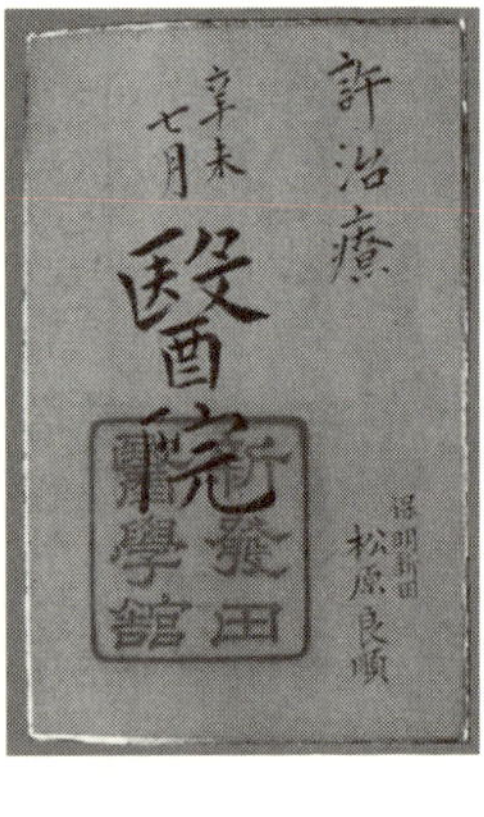

医師免許状
（松原正次氏蔵）

桑田立斎アイヌ種痘図
（森田道子氏蔵）

ど肩を並べるほどになった。これは実用よりむしろ知的な遊びとして、個人やグループで研鑽しあったことによる。和算が盛んになった原因の一つに、算額がある。算額は数学の問題と解答・解法等を額に書いて、人の多く集まる神社や寺院に奉納した一種の絵馬であるが、難問が解けたことを広く人々に知らせ、自分の学力や流派の勢力を誇示する意味も持っていた。新発田は、越後でも特に和算の盛んに行なわれた地方の一つであったが、浪人の坂井広明、商人の皆川正衡、藩士の丸田正通という、一連の和算家が活躍した。

丸田の門人で藩士の山本方剛が、享和三年（一八〇三）、新潟の白山神社に奉懸した算額の二問中の一問は、「三角形の中の三本の斜線に囲まれた四つの円の直径の和は、全円の直径の二倍となる」という、美しい幾何学的関係の発見を記したものであるが、この発見は世界で最も早いものであった。

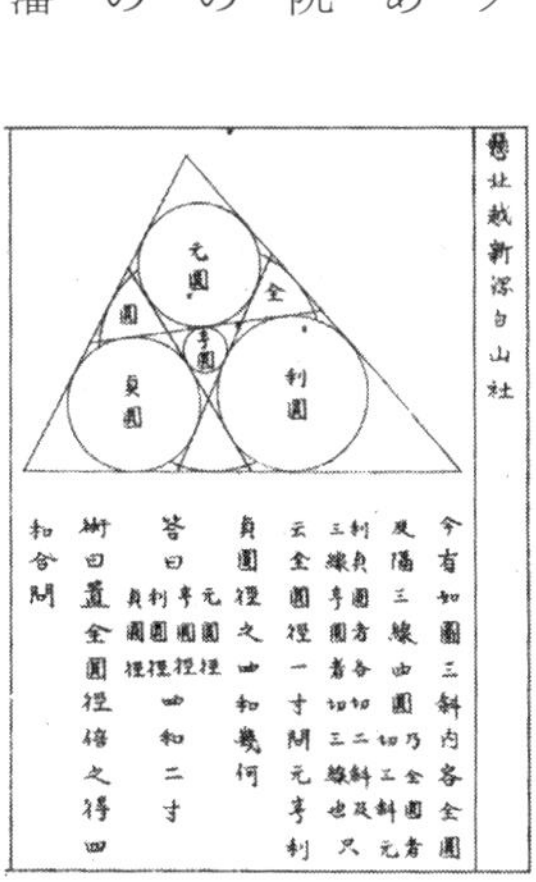
山本方剛の幾何学の問題（新発田市立図書館蔵）

文芸と諸道

近世新発田の文芸は、漢詩・和歌・俳諧などがその代表的なものである。その由来は、藩主または藩士によって江戸から国元新発田に伝えられたものと、元禄以降に町人文芸として盛んになった俳諧のように、俳諧宗匠の遊歴によって庶民の間に普及されたものとの二つに大別される。それらが記録に見えるのは、四代重雄の時代からである。藩が隆盛期を迎えたことや、幕府の文治政策、元禄文化の開花等の影響によるところが大きい。

その後、時代の推移とともに文運の発展が顕著になるのであるが、十代藩主直諒の時代には文化・文政期の文化の影響を受けて、城下の武士や町人たちの中に、文芸人や芸能人が輩出した。文政七年（一八二四）直諒は家中は言うまでもなく、町在の者まで「学芸・芸能優れたもの」を調査して提出することを命じた。「芸能者書上」がその結果である。当時の芸能の多様さと、一流人の名を知ることができる。

諸道の中でも、現代の新発田に伝統的に受け継がれているものに、石州流茶道がある。大和国小泉の城主片桐石見守が流祖であるので、この流派の名となった。この石州の高弟の一人に怡渓宗悦《いけいそうえつ》がいる。石州流怡渓

「芸能者書上」
文政7年（1824）

項　目	人　名	項　目	人　名
軍学	上田台右衛門・嶋村小十郎・吉田斧太夫・里村縫殿・木嶋源四郎	小細工物	かごや四郎吉
詩と文	松田本庵・嶋村和源次・丹羽惣助（伯弘）	挿花	伊藤左七・阿部文右衛門
詩と詩文	尾本太郎吉祖父	香	久米敬太郎曾母
書	近藤甫助・山内順貞・小林弥五郎	茶花	塚野源内隠居
算術	丸田源五右衛門（正通）	茶	長徳寺
将棋	三浦彦太夫・布施惣左衛門・岩屋栄蔵・米沢屋四郎兵衛	狂歌	木村屋粟右衛門
碁	折笠退助・浅見津左衛門	音楽ほか＊1	皆川屋利平次
俳諧	金屋惣之助・近江屋六郎兵衛・山口八源次父	産医	神主山内采雄・町医和田好順
据物切	菱田茂八郎	太鼓または狂言	御露地方 蔦之丞隠居 長次
謡曲	渋谷栄太夫・足軽留平	詩文ほか＊2	市嶋次郎八・同人弟秀松・同九九吉
		詩・和歌・経学	柳川新田名主栄次・庄屋栄助
		詩	五十公野医師圭斎・当町医師尚貞
		和歌	白勢屋豊次郎・白勢瀬兵衛検校

＊1　音楽の心得があり、算術達者にて工夫事をする者。ただし、工夫事というのは掘抜（井戸）を掘り、または枝炭などをつくるとのこと。
＊2　詩文をよくし、また歴史に学力があるとのこと。ただし九九吉は俳諧もよくし次郎八、秀松は書もよくするとのこと。
註：この調査には「和文をよくする者、異学を学ぶ者、一筋切尺八・神楽・平家琵琶に達者な者」という項目もあったが、該当する者がなく記載はない。なお、「据物切」とは罪人の死体などで試し斬りをすることである。

派を興した茶人僧侶である。四代重雄はこの宗悦に茶の湯の教えを受け、世子重元に伝え、初めてこの流派を国元新発田に伝えたのである。

藩に茶道職が設けられるのは、七代直温の頃からであるが、その職にある者が江戸詰めの際に、怡渓派の茶道を修業して新発田に帰国後、藩士はもちろん町方の人々にも教えたこともあって、城下ではこの流派が普及した。

また十代直諒は茶の湯を好み、翠濤庵《すいとうあん》と号し、怡渓派茶道を奨励したのであった。直諒は、越後怡渓派を称した宗匠大名であった。

翠濤庵の瓢形茶箱・道具揃い

3 文化の伝わり方

医学や俳諧・能・茶道など、学問・文芸の伝わり方には、共通したパターンがある。そのひとつの典型として「和算」をとりあげたい。新発田にはたくさんの和算家が輩出した。こんなに異才が多い藩も珍しい。

和算

「和算」は、その性質上研究者が少なく、したがって地方史のうえで表面に出ることもあまりない。しかし、治水、干拓などの土木や商工業をはじめとして、あらゆる分野に数学は根底的に不可欠なのであり、これを抜きにして歴史を語ることはできないはずである。

わが国も室町時代末になると、商工業が盛んになり、日常生活や土地の測量などに、数学の必要性が増してきたが、中国から受け入れたわずかな知識で短期間のうちに西洋数学とほとんど肩を並べるほどになった。これは江戸時代の寛文・延宝（一六六一～八一）の頃、それまで使用されてきた暦法が改正を余儀なくされたことも大きな契機となっている。和算は、支配者階級である武士だけではなく、商人や農民などにまで広く普及した。

一般の人々に和算が浸透し盛んになった原因としては「遺題承継」、「算額」、そして「遊歴算家」の三つがあるといわれている。

遺題承継とは、Aが自分の著書に解答をつけないで問題を提出するとBは著書を出版してそれに答え、また解答をつけないで新しい問題を提出する。これをC、Dと受け継いだのである。遺題承継は短命に終わったが、これに対して算額は寛文の頃から現われ、たちまちにして全国に普及し、明治以降もしばらくは続いた。

遊歴算家というのは、師匠格の和算家で、各地を遊歴し、あたかも俳諧における松尾芭蕉のように旅を住み処としながら算術を指導して歩いた者をさす。水原(現阿賀野市)出身の山口和《かず》はこの遊歴算家としてはあまりにも著名である。

和算の隆盛の原因として、流派間の競争もまた見逃すことはできない。特に関《せき》流と最上《さいじょう》流との二十年にも及ぶ抗争は有名である。

発端は些細なことであったが、関流の大家の藤《ふじ》田《た》貞次《さだつぐ》の高弟神谷《かみや》定令《ていれい》と山形出身の会《あい》田《だ》安明《やすあき》が論争を始めたのである。このため会田は、関流に対抗して最上流を創始した。双方はやがて本を出して応酬するようになり、互いに難問をつくって解答を求めたり、算額を掲げて相手に挑戦したりした。しかも、その攻撃の仕方が痛烈をきわめたため、一般大衆の関心を呼ばずにはおかず、和算の普及にいっそうの拍車をかけたのであった。

和算家は、このようにして競って個人やグループの研究を発表し、また研鑽しあったものである。このため和算はひじょうに高度化したが、実用性から離れたものになるという傾向があり、そしてまた他の自然科学とのつながりもあまりなかった。真理の探究というより、むしろ高度な遊びに近かったといえる。しかし、和算が日本文化で最大の遺産の一つであり、世界史的に見ても例外的な業績であったことに疑問の余地はない。地域的に見れば東北地方、裏日本のような雪深い地方、特に農村で和算の盛んであったことが注目される。冬の農閑期に数学を楽しんだ農民は、世界にその類例を見ない。俳諧や和歌などと同様に民衆によって愛され、楽しまれたのが、和算のひとつの姿であった。

明治維新を境として、わが国が急速に近代化したことは世界の驚異となっているが、それは、こうしたことがすでに基盤として存在していたことによるのである。

新潟県における和算

新潟県内の和算は、佐渡に来た百川治兵衛が百川流和算を創始した元和年間

（一六二〇頃）から、最後の算額が掲げられた明治三十三年（一九〇〇）の約二百八十年の歴史をもっている。しかし、百川流が広まった後の百年以上もの間は、資料が不足なためもあり、現時点ではほとんど空白ともいうべき時期となっている。

和算の本格的な普及は、天明・寛政年間（十八世紀末）からのことである。この頃は、本県にかぎらず全国的に見ても和算が爆発的な広がりを見せ始めた時期であった。

県内で、和算の特に盛んであった地域は新発田市、北蒲原郡、長岡市、三島郡、上越市などである。当時の和算界には三十余の流派があったが、県内には関流と最上流が主に普及した。本県における算額としては現在六九面（現存二二面）が知られているので、阿賀北地方のみで全体の約四五パーセントを占めていることになる。

明治に入り新政府は、「算術には洋法を用う」ことを決めたため、ここに和算の滅びゆく運命が定められたのである。しかし、急速な近代化には多くの技術者が必要とされ、地方においても、地租改正に伴う地引絵図作成に、土木工事に、和算家はひじょうに重用された。

新発田における主な和算家とその系譜

新発田における主な和算家とその系譜を紹介するが、これら以外にも和算家は存在した。例えば、時代はかなりさかのぼるが、新発田では算術に長じていたため、享保年間に職人から士分に取り立てられ、普請方や勘定方を命じられ、福島潟開発に関係した師橋《もろはし》徳兵衛《とくべい》のような人物もいたのである。

ア　坂井広明

生没年及び出身地は不明であるが、新発田に住んだ。坂井《さかい》長太夫《ちょうだゆう》広明《こうめい》と称し、若年より算術を好み、小須戸（現新潟市内）の吉岡氏に学んだ。中年に及んで、江戸の黒子《くろこ》佐兵衛《さへい》保高《ほこう》の門に入って関流の算術を学んでいる。その後やはり江戸の番という姓の師につき、二年間地理や土木工事の技術を学んだ。

治水と灌漑技術の開発による農民の救済に情熱をかたむけ、天明年間（一七八一〜八九）にそれら研究の集大成とも言うべき『郡中用備』という著書を出版している。

享和元年（一八〇一）には、中野恭雄ら市内加治地区の門人たちとともに市内菅谷寺に算額を奉納している。この算額は、県内に現存するもののうち二番目に

菅谷寺算額

古いものである。
皆川正衡や丸田正通《まるたまさみち》も一時彼の門人となっている。

イ　皆川正衡

生没年は不明であるが、皆川理平治正衡《みながわりへいじせいこう》と称し、当初坂井広明に師事した。のちに長岡藩士太田寛兵衛にも学び、また寛政十二年（一八〇〇）三月に江戸へ出府し、太田の師である関流宗統五伝の日下貞八郎誠に直接師事して同年冬に帰国した。なお、同年に新潟白山神社に算額を奉納している。丸田正通も一時期彼に師事している。

著名な遊歴算家、水原の山口和（関流別七伝）は前後六回にわたってほとんど全国をまわったが、その第三回目の旅の途中、文政四年（一八二一）に新発田に立ち寄っている。彼の遺した『道中日記』に、

三月廿日菅谷不動参詣加治町左手下家四五軒東のはたごやに泊る。廿一日新発田上町皆川英斉方に行四月十日英斉方出発して水原へ行

とあるが、この皆川英斉とは正衡のことにほぼまちがいのないところである。

また、文政七年に十代藩主溝口直諒は、「学芸・芸能優れたもの」の調査を命じているが、その報告書芸能者書上に「一、算術丸田源五右衛門」とともに、「一、音楽心得有、算術達者ニて工夫事致候者皆川屋利平次、但工夫事と申ハ掘抜（井

戸）を掘、又は枝炭など拵《こしらえ》候由」とあるので、皆川は新発田上町に住む多芸多才な商人であったことが知られる。

文化・文政期における新発田の和算は、ほとんど最上流一色となっていたが、そんななかで皆川はただ一人関流をとなえていたようである。

ウ　丸田正通

丸《まる》田《た》源《げん》五《ご》右衛《え》門《もん》正通《まさみち》は新発田藩士で、安永八年（一七七九）に生まれ、天保四年（一八三三）に没している。

十四歳にして算術を学び始め、当初は坂井広明、皆川正衡など地元の関流の和算家から教えを受けていた。寛政十二年（一八〇〇）、丸田は同僚の和田富旦とともに、初めて新発田諏訪神社に算額を奉納した。あくる享和元年に江戸詰めとなり、これを機に最上流の創始者である会田安明に師事したが、翌年には早くも指南許状を得た。そして和田富旦、弘前藩の石川惟一ら五人の同門とともに、芝愛宕山の愛宕神社へ算額を奉納し、また算術指南となっている。

丸田は公務のかたわら、広く領民を集めて算術の教育に努めたが、その才能が認められて下勘定方へと取りたてられ、のちには御帳元となっている。またその間、本務とは別に測量や水利工事などの任務をも与えられた。これらの功績により、藩から褒美を受け、禄高を加増されることもしばしばであった。

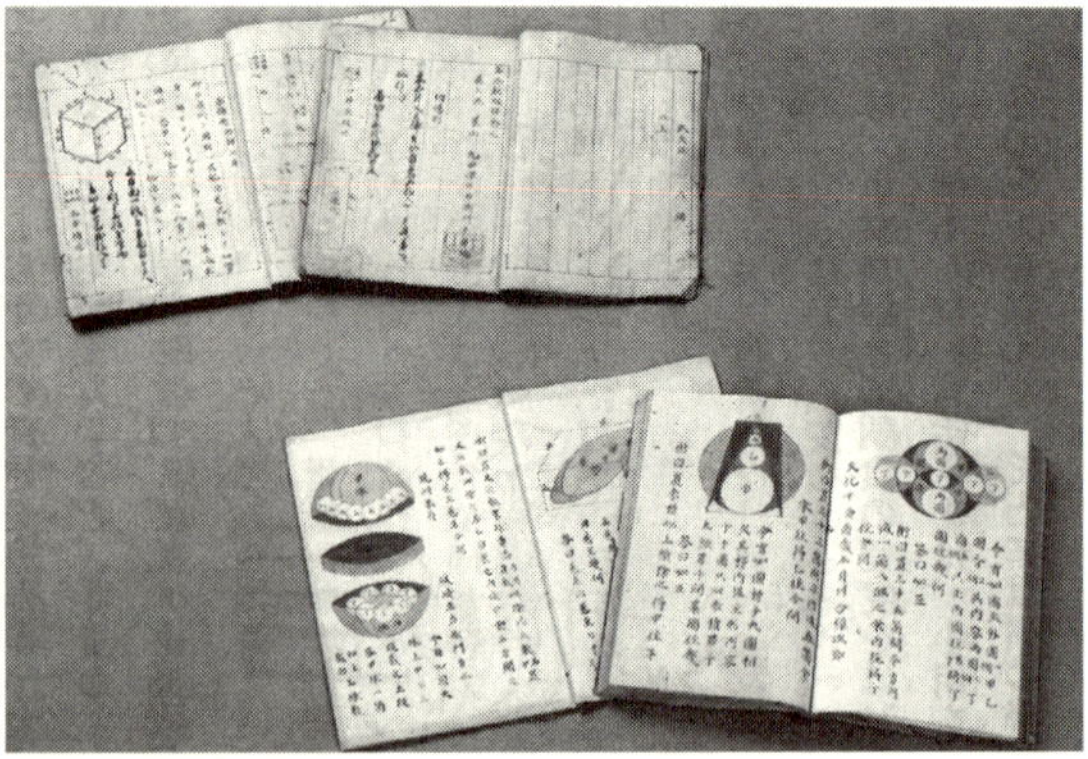

丸田正通の著書「算法教授録」と新年に門人たちが提出した問題集「歳旦集」

新発田の人で、会田安明の門人となったのは丸田や和田のみではなかったが、新発田に最上流の隆盛をもたらしたのは、ほとんど丸田の力によるものと言ってよい。彼の門人は約百三十名の多数を数えるが、代表的な者としては塩原道明や高橋徳通らの名があげられる。

丸田は、会田安明の四天王の一人と言われるほど優れた和算家であった。文化七年（一八一〇）に出版された会田の『算法天生法指南』の校訂を行っているし、東京浅草の浅草寺に現存する会田の算子塚（愛用の算木を埋めた塚）の石碑には高弟の一人として彼の名が記されている。

著書はいくつかあるが『算法教授録』が著名で、写本が広く流布している。

エ　江口秀直

加治地区下今泉の人。旧三日市藩の陣屋にあった上館八幡宮に、文政十二年（一八二九）、彼の二七名の門人が奉献した算額が現存している。

江口秀直は、当時寺子屋の師匠をしており、自ら一之流（沢口一之：寛文十年代に京都で活躍した人のことか）を名のっている。彼の師匠は、同所の江口勘太夫であるが、彼もまた治水技術に深い関心を寄せていた。

加治地区など、旧紫雲寺潟の周辺に算術をたしなんだ人が多かったのは、この潟の干拓工事の影響ではなかったであろうか。当時の諸般の状況からして、そのように強く思わざるをえないのである。

オ　山本大進・黒岩吉治・石川吉蔵

①山本大進

山本大進力縄（龍斎至徳と号した）は鍬江（現胎内市）の人で、同所船江神社の神主をしていた。

文化十三年（一八一六）に初めて鍬江を訪れた小千谷出身の遊歴算家、船岡良平徳恒（本名長井熊三郎度義）に算術の手ほどきを受け、文化十五年（一八一八）山本が三十八歳のときに免許皆伝を得た。

船岡は、やはり小千谷の人、大淵万七美政から安永年間に関流の皆伝を得ているが、大坂の松岡良助能一から宅間流の算術も学んでいた。なお、大淵の師は今井兼庭である。

②黒岩吉治

黒岩吉治は、市内東宮内の人で、文化十年（一八一三）に同所の修験者黒岩善内の次男として生まれ、明治十年（一八七七）に没している。

安政五年（一八五八）に山本大進より皆伝を得ている。

③石川吉蔵

石川吉蔵は、東宮内の人で、天保十三年（一八四二）に生まれ、大正三年（一九一四）に没している。

明治年間に黒岩吉治より皆伝を得ている。

山本大進の系統はこの石川をもって終わるが、彼の師範代を務めたのは向中条（現新発田市）の青山賢美であった。

坂井、皆川、丸田などが主に都市部を中心に活躍したのに対して、もっぱら農村部において算術の普及に努めた者にこれらの一連の人々がいた。

黒岩と石川及びその門人一八名は、明治三十三年（一九〇〇）、東宮内の藤戸神社に算額を奉納した。この算額は、県内にかつて掲げられたもののうち最も新しいもので、本県における和算の最後を飾っている。

本多利明の出身地をめぐって

越後蒲原郡出身の有名な和算家、経世家に本多利明という人物がいる。

高校の日本史の教科書には、必ず名前があげられるような人物であるにもかかわらず、その出身地について詳細はいまだもって不明である。これは、利明が自身の出自を他に知られることを極力避けたことによる。

寛保三年（一七四三）に出生して文政三年（一八二〇）に没している。幼名を

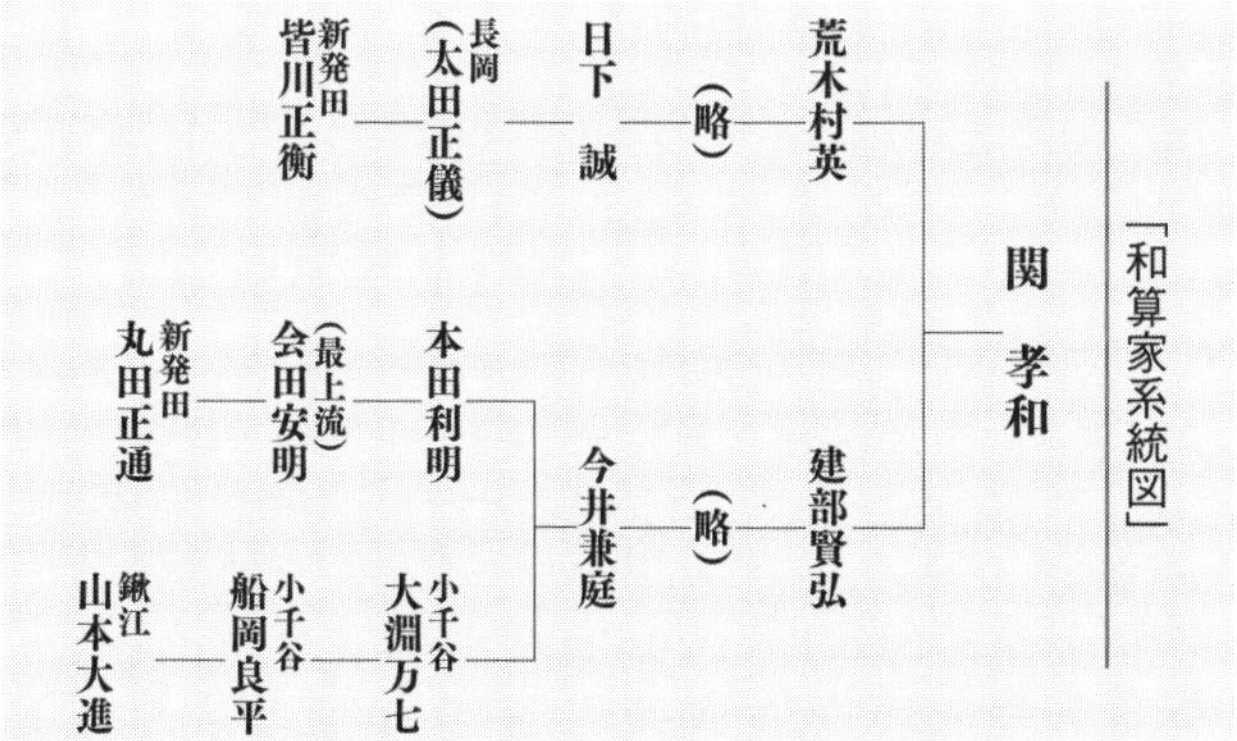

長五郎といい、長じて繁八と呼ばれた。通称は三郎右衛門、号を北夷または魯鈍《ろどん》斎《さい》という。「本多」は「本田」とも書いたし、「利明」は晩年「理明」とも書いた。

八歳にして算術に関心をもち、十八歳のとき江戸に出て関流の今井兼庭《いまいけんてい》に学び、また千葉歳胤《ちばとしたね》から天文学を習った。二十四歳になって江戸音羽に私塾を開き音羽先生と呼ばれたが、やがて経世家をもって自任し、諸地方を訪れて地理や物産を調査し、またオランダ語の書物を入手して、海外の地理風俗や天文・航海術・精錬・火薬などの知識を広めた。特に蝦夷地の開発に深い関心をよせ、門人最上徳内を幕府の視察に随行させ、また享和元年（一八〇一）には利明自身凌風丸に乗って渡海した。この間、水戸藩の立原翠軒・小宮山楓軒らと親交を結び、互いに意見を交換し、また老中松平定信に上書し、あるいは『経世秘策』、『西域物語』等を著し、当局を動かそうと努力した。文化六年（一八〇九）から加賀藩に仕え、二十人扶持を受けたが、金沢には半年住んだのみで、晩年を江戸で送った。

新発田を代表する最上流の和算家丸田正通の師、最上流の創始者会田安明《あいだやすあき》は江戸で利明に師事したと言われる。

現段階では、利明の著『経世秘策』後編に新田開発の対象として福島潟などを取り上げ、この附近の状況に関して詳細な記述をしていることをとらえて、このようなことが可能だったのは、出身地がそこから遠くない位置であろうと、「利明の出身地は福島潟から北へ村上にむかった線上のどこかの農村ではないだろうか」（元神戸大学教授安部真琴氏）という説が一般的に受け入れられているようである。

そして、元村上高校教諭はこれをさらに一歩進め、出身地を新発田市内の戸野湊と推定されたのであった。その根拠としては

ア　当地に、代々本田伊兵衛を名のる家があったこと。なお、利明の父の名が「伊兵衛」であるという言い伝えがある。また、この「本田」は「本多」とも書いたこと。

イ　当地は紫雲寺潟の干拓によって新しくできた村であるが、そこへ新発田から移り住み庄屋をした伊兵衛は、利明の父として年代的に無理がないこと。

ウ　この附近は、当初村上領であったが、干拓工事のときは新発田藩の預かり地となり工事が進められたこと。

エ　同家には「先祖は、昔は武士であったが浪人をしてこちらへ来た」という言い伝えがあったこと。

などをあげておられるのである。

なお、戸野湊の本田家の菩提寺は、新発田寺町の曹洞宗相円寺である。

利明の出身地のてがかり――試（私）論

ア　越後蒲原郡である。

イ　しかし、必ずしも北蒲原地方であるとは限らない。……『経世秘策』では西蒲原の鎧潟・大潟・田潟についてもかなりくわしく書いてある。一方また当時の人々は現在我々が思うほど、見聞の及ぶ範囲はせまくなかった。

ウ　蒲原郡のうち、村上藩領であった地域である可能性がある……「村上城下の士」

エ　阿賀野川水運の関係者か、あるいはそれに近い者であって、阿賀野川沿いに住んでいた者である可能性がある。このことは、また同時に当時の水運網がそれぞれ相互に接続していたのであるから、信濃川あるいは新潟港、沼垂港の関係者であることも意味する。……『経世秘策』では小花地（現阿賀町）の石灰石の開発、江戸への水運による積み出しについても詳しく論じている。この小花地の石灰鉱床は、阿賀野川のすぐ川ふちにある。現在のように阿賀野川沿いの道路がなく、人の往来は陸路を利用することが一般的であった当時としては、このことは利明が阿賀野川を舟で通って、この石灰石を直接見た可能性があることを意味するからである。……いずれにせよ、利明が航海術など水運に強い関心と知識を持っていたことは、彼がこの方面と関係の浅からぬ環境にいたことを示している。

オ　生家の宗旨は、臨済宗妙心寺派である可能性がある。……利明が葬られた江戸音羽の桂林寺と、加賀藩の利明の門人たちが追悼碑を建立した金沢市の伝燈寺とが、ともに全国で二三カ寺と数少ない臨済宗妙心寺派の寺院である（本県では現在三カ寺……新発田市早道場観音寺、村上市安泰寺、上越市高田正倫寺）からである。しかし、音羽の桂林寺に葬られたのは、ただこの寺が彼の住居のすぐ近くにあったからにすぎないのかもしれない。

カ　生家の附近には和算家がいた。…利明は八歳にして算術を学び始め、十八歳のとき江戸に出て今井兼庭を師とした。彼の若年時の県内における和算家の所在の詳細は不明である。しかし、新発田やその近隣である可能性は排除することができない。

キ　生家は、その附近でも指導的な地位にあった。……彼がこのような思想を持つに至ったのは、それ相応の家庭環境のなかに育ったからであると考える。

以上七項目をあげたのであるが、それぞれの条件がすべて正しいとは限らない。とにかく利明は十八歳という若さで故郷を離れたのであるから、出生地に遺された痕跡はわずかなものであると考えられるのである。

　最後に、利明の少年時について自身が『行状記』でふれているので、それを紹介して参考に供したい。

「八歳の春志を起し、太平久しくして枕を泰山に安じぬれ共、いつか此期あらんや、年々歳々奢侈増長し窮民は多くして国用日に乏しく、又人の生るゝも多くして遊民のみなり、故に天地に奉公する人少し、苛政専らなるゆへに国家富を失ふ。此理を歎て国家豊有ならしめん事を思ひて、此利を極めんと思ふには、算道にしかずと是を本となしぬ。父は此心をしらずして運筆を習はし素読をならはしむ。しかれども算術に心を委ね、心気を懲す事既に十年、漸其道の趣を知れりと十八歳の秋父母に暇を告て東武に至りて猶も其道を極んと欲して、今井兼庭を算学の師として仕へ、関流の奥儀を習ふ」

④ 城下町の人々の暮らし

城下町は、地方での都市なので、風俗上の問題も起こりがちだった。庶民も金銭的な余裕があれば、旅行も可能となったことにより、見聞を広めることができるようになり、日常生活の向上にも少なからず役立った。

城下の人々の生活

城下の人々の利用する水は、飲用も含めて、基本的に新発田川の流水に求めてきた。掘抜き井戸から得られる地下水には鉄分が多く、飲用にできるのが少なかった。上水道が敷設される前の新発田町には、総数四九七の井戸があったが、その二二%しか飲用にできなかったという。人々は現清水園入口にあった井戸など、四カ所あった公共の井戸を飲用として利用した。

水とともに日常生活に不可欠であったのが、燃料としての薪である。城下では家中も町人も、薪を、会津領赤谷村・滝谷村と黒川領小戸村から加治川・新発田川の水流を利用して運ばれる「流木」に頼ってきた。「流木」とは、春雪の頃山から伐り出して、秋に川流しをする丈二尺前後の丸木であった。

御膳水井《すいい》
県立新発田病院敷地内。

湯屋

薪と水とで成り立つ商売が湯屋である。そこで、川筋に多く立地した。湯屋は当時風俗営業で、藩は天明元年（一七八一）、風俗が乱れるとして、入込み（混浴）を禁じた。新発田藩の混浴禁止令は、幕府のそれより十年早かった。

江戸時代には「風呂屋」は蒸し風呂、「湯屋」は湯につかるもので、本来別なものであったのが、中期頃に混同されるようになったということである。

新発田領では、湯屋は城下町と沼垂町にのみ許されており、城下では一〇軒ほどが営業していた。

混浴のことを当時は「入込湯」と呼んでいた。浴槽が一つしかなかったので、必然的に「入込み」となったのであろう。

藩は、新発田城下の湯屋は一カ月に二軒ずつ順番に女湯を務めること、女湯は日没までに終えることを命じた。

文政二年（一八一九）には、乱れてきたので安永十年（一七八一）の申し達しを再び触れ、町同心が巡回して取り締まりを行うことになった。

しかしこれまた、次第に弛んできて、慶応元年（一八六五）にもお触れが出された。今度守らなければ営業停止を命ずると警告を発している。

安永十年（一七八一）三月二十三日

近年　昼夜ともに男女入込み湯にあい成り、猥らにあい聞きそうろうにつき　以後風呂屋どものうち　一ケ月二軒宛て　女湯順番にあい立て、尤も女湯は暮合い限りあい仕舞い　男女入り交じり申さぬよう致す可き旨仰せ付けられる

『御記録』より

混浴禁止令

遊山

五十公野には寺や神社が多い。岩井戸観音、ます潟等があり史跡に富む風光明媚の地である。城下の人々には、五十公野山や聖籠山は距離もほど良い行楽の地であった。良い天気の遊山の一日、時には飲酒の後の夕暮れ、帰路につく者もいた。

城下の人々の信仰

伊勢講・湯殿山講・善光寺講・観音講など参詣を主目的とする講は、近世中期以降流行する。これには特定社寺所属の御師・行者等の勧誘もあったが、その背景には交通事情の整備、貨幣経済の浸透等があり、さらに二、三人の代参という方法が長距離、長期間の旅行を可能にした。そして、旅行は次第に信仰から、それを理由とした観光的なものへと変化していった。観音講の場合は、西国三十三所巡りのためのものであるが、伊勢講の上方詣りは伊勢の他、四国の金毘羅権現や高野山等の名所旧蹟、京・大坂などの大都市へもついでに足をのばすというようなことが多くあった。

元禄年間から幕末までの百六十年間に、新発田町から高野山へ八百人が参詣に

寛政六年（一七九四）五月十六日
「御家中に申し達しの趣き」

一御家中並びに町方　共に夜中小唄歌い歩き行きそうろう儀無用の段　かねがね仰せ出てられそうらえども、今もってあい止まず
殊に近在遊山の帰りなどには　上下足軽町の辺など　別して　狼犯の体にてまかり通りそうろう族　これ有り趣きあい聞き　不届きの至りにそうろう
前々あい触れそうろうとおり　右様の者は廻り役人遠慮なく　取り押さえそうろう様　申し付け置きそうろう　その旨　あい心得るべくそうろう

『御記録』より

「御家中申達趣」

訪れているから、年平均五人という数字になる。

万延二年（一八六一）藩では、この年親鸞上人の遠忌にあたり、町方の者が多数上京すると聞いて「上京を差し留めよ」と達している。そしてその達しの末尾に、伊勢参宮も同様と記していることから、このような旅行が盛んであったことが分かる。これらの旅費としての銀の流出が、藩財政に及ぼす影響を無視することができなくなってきたことが推察される。また、越後三十三観音札所・蒲原三十三観音などの巡礼も、信仰と観光旅行との要素をあわせ持つ、比較的に手近な手段として成立したものであろう。しかしこれらのことは、農民であれば作物の新しい品種を入手したり、庶民の視野を広くするのに、おおいに役立った。

五十公野千光寺の西国三十三所観音供養塔

5

こぼれ話あれこれ

藩校も早くから開設され、家臣の教育が奨励された。
当時は仇討ちが制度的に認められ、堀部安兵衛も新発田の生まれであった。
十返舎一九を初め、多くの文人墨客も多数新発田を往来した。

新発田藩ゆかりの旧蹟

新発田城

明治五年までは、本丸・二の丸・三の丸とあわせて櫓が一一、主な門が五カ所あったが、新政府の命令でとりこわし、堀も土塁を崩し次々と埋め立てられ、表門と旧二の丸隅櫓、本丸石垣と堀の約半分、土橋門付近の土塁を遺すのみである。二つの建物は昭和三十二年（一九五七）、国の重要文化財に指定された。そして昭和三十四、三十五年に解体修理工事を行い復元したものである。旧二の丸隅櫓はもと二の丸北部にあったが、このとき今の場所、本丸鉄砲櫓跡に移された。

本丸と二の丸北半分は、終戦まで歩兵第一六連隊の兵営に使われてきた。戦後は一時、新潟大学分校、本丸中学校が置かれたが、昭和二十八年からは陸上自衛

表門、旧二ノ丸隅櫓（重要文化財）

隊が駐屯している。

平成十年（一九九八）の城下町四百年の記念事業として、本丸の三階櫓（天守閣にあたる）と辰巳櫓の木造での復元が企てられ、平成十六年に完成を見た。

五十公野御茶屋

藩主の別邸で、古来「五十公野《いじみの》御茶屋《おちゃや》」と呼ばれている。初代秀勝は越後蒲原郡入封の際に、まずこの地に仮住居をかまえて御手作田を営み、築城と領内支配の構想を練ったと伝えられている。

明暦元年（一六五五）に三代宣直が敷地三万四〇〇〇坪に御茶屋を造った。四代重雄のときに遠州流の茶人で幕府の庭方、縣宗知《あがたそうち》を招いて庭園を造り、裏山には「華鳥軒」という四阿《あずまや》を建てた。

歴代藩主は江戸への参勤交代の行き帰りにここで休息し、また平素は重臣にも開放して茶会を催したりなどした。

今の御茶屋は文化十一年（一八一四）に建てられた。数寄屋造りの簡素繊細な感じで、夏座敷二室は思いきって開放的に造られ、二方の庭を観賞できるようになっている。

庭園は、裏山を借景したもので「心」の字をかたどったといわれる池をうがち、

五十公野熊ノ沢の御茶屋

なかに美しい五葉松の老松を植えた島を浮かべ、まわりに築山をめぐらした回遊式庭園である。

清水谷御殿

新発田藩主の下屋敷で、古来「清水谷御殿」と呼ばれてきた。

三代藩主宣直が万治元年（一六五八）に曹洞宗高徳寺を他へ移して藩の用地とし、四六〇〇坪の広壮な下屋敷を造った。

現存の御殿は寛文六年（一六六六）に建てられているが、寄棟造りの落ち着いた数寄屋建築である。室内意匠は、装飾が少なくきわめて簡素である。

庭園は幕府の庭方、縣宗知を招いて造ったもので、草書体の「水」の形の池に近江八景をとり入れた京風の回遊式庭園である。

足軽長屋

この長屋は本来「清水谷長屋」と呼ばれていたもので、上鉄砲町の裏手にあり、清水谷御殿に面している。

記録によると、清水谷長屋と呼ばれたのは当長屋のみでなく、幕末に至るまで前を流れる川に沿って一列に四棟あったものの総称と思われる。これはそのなか

清水谷御殿

足軽長屋

の北から二棟目にあたり、当時の城下絵図には「北長屋三軒割八住居」と記されているが、住人は姓のある者が一名、他の七名は名のみで、足軽ではない身分の低い役人であった。役職は御門番組・御旗指組等の小者と御綱方などである。

今の長屋は、天保十三年（一八四二）に藩の普請奉行が建てたものである。

宝光寺

曹洞宗宝光寺は、新発田藩主溝口家の菩提寺で四百年の法燈を伝える下越の名刹である。溝口秀勝の新発田移封に従って来たが、秀勝が没してから、秀勝の法号の「浄見」をとって浄見寺と改名した。しかし宝永年間、将軍綱吉が他界すると法号を「常憲院殿」と称したので、同音をさけて宝光寺と改名して現在に至っている。

歴代藩主の墓所には、初代秀勝より十代直諒までの藩主、そして十一代直溥までの正室や側室とそれらの子女、加賀大聖寺時代からの御用商人中村彦左衛門などの墓塔がある。

新発田の殿様三話

歴代藩主墓所

中村彦左衛門の墓塔

ターヘル・アナトミア

新発田藩四代藩主溝口重雄は気性の激しい人で、在任中藩内でいろいろと物議をかもしている。これは、彼が日本医学史に影響を及ぼすこととなった話である。

新発田藩主の家臣の系譜を記した『世臣譜』中に次のような記事がある。

「杉田甫仙元禄十五年新知百五十石を玉ひし外科の医師たり。同十六年上知にて断絶せり。

此人悠山公御通りの節御刀の鐺《こじり》頭上に当りしを御挨拶なく通りありしとて憤て御暇をうけしといふ」

杉田甫仙という外科の医師は、四代藩主重雄が通行の際、その刀のこじりが頭に当たったのに、あいさつもせずに去ったことを怒ったため、採用一年目にして解雇されたというのである。

「いかにお殿様なりとて、あまりにも無礼ではございませぬか！」とでも言ったのであろうか。その時の様子が目に浮かぶようである。

杉田はその後、小浜藩主酒井侯に召し抱えられた。

実はこの杉田甫仙という人物は、『解体新書』で有名な杉田玄白の父親その人だったのである。

歴史を語る際に「もしも……」という言葉はナンセンスであるとよく言われる

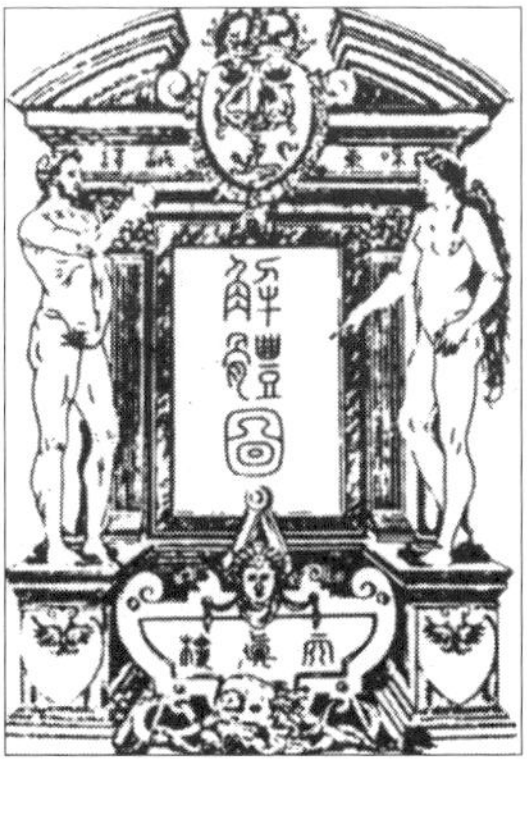

『解体新書』扉絵

が、しかしやっぱり、「もしも」と言いたくなるのである。
いくら地位の高い人でも、「ごめんね」のひとことがいかに大事であるかがよく分かる。この一事をもって他山の石とすべきであろう。

文芸君主直温

七代藩主直温は、絵画・彫刻・工芸などと幅広い趣味をもち、また〝梅郊〟と称した俳諧の宗匠でもあった。

当時江戸で一流の浮世絵師重政に描かせて作った俳諧入りの大きな紙の双六を初春の祝い物にしたり、また河東節の「松川」の作詞をするなどしている。いわば文芸君主であったのである。

いっぽう、事の経緯について詳細は割愛せざるを得ないのであるが、彼は江戸の女形の歌舞伎役者瀬川菊次郎にたいそういれあげたのであった。このことは、講釈師馬場文耕が言い触らして歩いたので江戸市中誰知らぬ者となく、〝天竺浪人〟こと平賀源内の筆になる滑稽本『根南志具佐《ねなしぐさ》』（宝暦十三年刊）のモデルのひとりにされるほどであった。

しかし、直温は信仰心もあつかったようで、新発田の諏訪神社などいくつかの社寺を建立しているし、また彼の描きのこした数多くの絵画を見ても、仏画のき

『根南志具佐』扉

わだって多いのに驚かされる。中には、夢に見たので描いたなどという説明付きの不動明王像があったりするのである。

こういったことは、前に述べた彼の生き方と無関係でないように考えるのは、ちょっと飛躍しすぎた解釈であろうか。

いずれにしても、歴代藩主のなかで、人間的に最も興味の持てる人物である。

〝なで〟ととなへ可申候

「殿様……御官名……伯耆守様とお改めあそばされそうろう、よって筈と申す事遠慮いたすべきわけにつき、以来なでととなへ申すべくそうろう」

これは、文化十一年（一八一四）、十代藩主直諒のときに領内各組に触れ廻された文書の抜粋である。

新発田藩主十二代のうち、伯耆守を称したのは初代秀勝をはじめ五侯いた。この官名は実質的な官職の伴わないもので、単なる伝統的な名誉の称号であったが、誰もが朝に夕に使用する生活用具の呼び名が、たまたま殿様の官名と同じであったため規制を受けたのであった。

漢字では〝撫〟と書いた。なお、領民の間ではただ〝なで〟と言っただけでは呼びすてにあたって恐れ多いと思ったのであろうか〝お〟をつけて、〝おなで〟

と呼んだということである。
参考までに申し上げれば、〝伯耆の国〟とは、現在の鳥取県の西半分にあたる。

藩学校

家臣向けの法度として、正徳六年（一七一六）に新発田藩が発布した「御家中欽之覚」の中に「侍中　勤仕のすきには学問を心がけるべく　子ども十歳を過ぎれば読み物致させ　然るべき学問あるいは武芸稽古を習わせ　遊興催しまじきこと」という一条がある。

前述のように、新発田藩での学問の事始めは、四代藩主溝口重雄の時代までさかのぼる。直養は学問を好み、明和九年（一七七二）二の丸内に講堂を建てたが、その後、講堂の建て替えが行われた。すなわち、新講堂（のちに直養親書の「道学堂」の扁額が内部に掲げられた）は、安永六年八月末、普請御用掛り以下が任命されて着工し、同年十二月五日に完成した。その規模は、一〇間余・六間余の方形で、創立当初の七間・三間に比較すれば、約三倍の面積となった。同月八日には、建て替え後初めての月次講釈が行われ、『書経』が講じられた。この時「座列拝席着衣等の式目書付並びに帳面を諸役人支配頭に渡し」（『御記録』）、講会式が定まったが、その他同年十月に掛板として示された「講堂書目」や日程・入学者の進退に関する「定」、二八カ条からなる「講堂諸則」などが決められた。ここにおいて、藩校にふさわしい骨格が整えられたといってよい。

講堂での主な授業形態は、課解とも呼ばれる講解と講習の二本立てであった。講解は、教師による講釈で、藩士等のためのものと領内の庶民一般を対象とするものと、二種類の日割りがあった。講習は、文の意味するところのおおよそを理解できる者は誰でも出席することができ、教授や都講のもとで解釈について意見を交換した。日割りと教科書については、後年多少の改訂が行われたが、基本的な事項はこのときに定められた。そのほか、毎月二十日に限って『論語』の「輪講」と『四書』・『五経』・『小学』・『近思録』の「素読」が行われ、学力や出席状況などを都講《とこう》★が記帳した。

▼都講
塾長

堀部安兵衛

堀部安兵衛（旧姓中山）は、波乱に満ちた生涯を送ったせいもあってなかなか人気があり、その生誕地と称する所が新発田以外にもあった。しかし安兵衛自身生国は越後新発田としているし、地元に遺されている各種の史料からもそれに異論をとなえる余地はない。ただ、新発田に住んだのは少年時代の十三歳までである。

安兵衛は、新発田藩士中山弥次右衛門（二百石）の長男として寛文十年（一六七〇）家中屋敷の外ヶ輪に誕生した。

天和三年（一六八三）安兵衛が十三歳のとき、父弥次右衛門は禄を没収され浪人する。その理由は『世臣譜』によると、本丸巽櫓の焼失の責任をとらされたという。弥次右衛門は浪人の身となった直後、不遇のうちに病死し、菩提寺である長徳寺に葬られた。

安兵衛はやがて、新発田では家名再興もおぼつかないと考え、郷里を出る。新発田を離れるとき、長徳寺に父の遺愛の石台松と印籠を寄進し供養を願ったという。長徳寺本堂前に今ある老松はこの松であると伝えられている。

新発田を離れた安兵衛は、しばらくの間姉の嫁ぎ先である庄瀬村牛崎（旧白根市）の長井家に身をよせた。

かくして青雲の志を抱いて江戸へ出たのは、安兵衛十八歳の元禄元年（一六八八）のことであった。

江戸では、牛込天龍寺竹町の長屋に住んだというが、家名再興のため文武両道に励んだのであろう。この好青年の性格を愛し、陰に陽に援助の手をさしのべた

堀部安兵衛の銅像

のは、中根長太夫（久世大和守家臣）、三沢喜右衛門（内藤丹後守家臣）、間瀬市佐衛門（秋元但馬守家臣）、菅野六郎佐衛門（伊予西条家家臣）らであった。特に菅野は安兵衛と性があったのであろう。先輩、後輩ということで叔父、甥の約束をするまでになったという。この菅野が同藩の村上兄弟との遺恨から高田馬場で果し合いをするが、安兵衛は重傷の菅野の敵《かたき》村上兄弟らを討ち、江戸市中にその名を揚げたという一節は、講談などによってなじみ深い。

高田馬場の敵討ちによって一躍名を揚げた安兵衛は、播州赤穂藩士堀部弥兵衛から是非にと堀部家の家名を継ぐことを所望された。この仲介に前述の中根ら先輩たちが奔走するが、安兵衛は実家中山家再興を理由に断った。しかし、堀部家からは中山姓を称してさしつかえないからという、たっての懇望に根負けして承諾、堀部安兵衛武庸と名乗り、元禄七年（一六九四）六月、赤穂藩の江戸定住藩士として二百石を給せられた。

元禄十四年三月十四日、主君浅野内匠頭は切腹し赤穂藩主浅野家は断絶となった。かくて赤穂浪士、隠密裏に主君の敵討ちを決めた。安兵衛は江戸にあって、その急先鋒となっての東奔西走の活躍は、あまりにもよく知られているので割愛する。

新発田藩士敵討ち二話

江戸時代において、敵討ちは私人に許された罪を問われない殺人のひとつであった。

敵を討つことのできるのは、主人、父母、兄姉など目上の者が殺された場合に限られ、目下の場合は通常の裁判にかけられることになっていた。

敵討ちの手続きは、武士ならば主君の許可を受け、さらに幕府の公儀御帳に登記して、その謄本を発給されることが必要であった。敵を発見した時は、その地の領主を通じて幕府に届け、幕府の指令を待つ、領主は場所を指定して対決させた。敵に出会ったときは、直ちに果し合いをしてもよいが、討ちとめた後、役人の検視を受けなければならない。幕府は検視の報告を聞き、合法的な敵討ちならば討ち手を主君に返した。

敵討ちは、江戸時代に確実な記録のあるものだけで百件を超え、不成功のものなどを加えれば多大な数にのぼった。このように敵討ちが江戸時代の社会風俗のようになったのは、幕府、諸藩によっていろいろな制限を加えられながらも、家の名誉は自分の手で守るという武士としての道徳意識を涵養するため、内実ではむしろ奨励されたことによるものであった。

幕末の安政年間に、新発田藩士による敵討ちが二件、あいついで成就した。

四十年目の敵討ち

久米幸太郎兄弟が父の敵滝沢休右衛門を討ったのは、父弥五兵衛が殺害されてから四十年後、兄弟が敵討ちの旅に出発してから三十年後のことで、まれに見る長年月かかった敵討ちであった。

そもそもの発端は、文化十四年（一八一七）十二月、家中屋敷の竹町の中西宅に数人が招かれ、将棋を楽しんだ。将棋が終わった後の酒席で、常から酒癖の良くなかった滝沢は、久米弥五兵衛を殺害してその場から逃走した。

弥五兵衛の遺族は、妻、姉、長男幸太郎七歳、次男盛次郎五歳の四人であったが、藩は年三十俵の米を与えて生活を助けた。

幸太郎十八歳、盛次郎十五歳となった文政十一年（一八二八）五月、「復讐仕りたき旨、願いの通り御暇下され、家内のものへ御合力米そのまま下さる」ということで藩の許可がおり、十代藩主直諒にお目見えして直々に刀一腰と金二〇両を賜り、本懐をとげるよう激励を受けて、久米兄弟は同行を許された助太刀の板倉留太郎とともに敵討ちの旅に出た。

晩年の久米幸太郎

途中一行三人は、別々に分かれて敵を捜すこととなったが、偶然のことから滝沢が仙台領石巻近郊の寺に僧侶となってひそんでいることが分かった。いち早くこのことを知った幸太郎は、直ちに現地へ急行し、湊村梅渓寺近くで本懐をとげた。時に安政四年（一八五七）十月、父弥五兵衛が殺害されてから四十年もの時が過ぎ、幸太郎四十七歳、仇敵滝沢休右衛門は八十二歳となっていた。

藩は久米兄弟ら三名に破格の昇進をもってその労苦に報いた。敵討ちは武士の鑑とされたが、現代人の目には武士道の非情さとも映るのである。

母の敵

久米兄弟が父の敵を求めて諸国を旅している安政三年（一八五六）一月、敵討ち事件がおきた。それは足軽飯島量平の敵討ちである。安政二年十月、量平が泊まり番で留守中の家に、同僚の飯島惣吉が踏み込み狼藉をはたらいた上、量平の母や姉など四人に傷を負わせて逃げた。母は傷が深く即死したのであった。

「母の敵、元傍輩惣吉行方を相尋ね打ち果したきに付、御宛行差上げ御暇下し置かされたき旨、願の通り仰せ付けられ、金十両下され家内の者一類へ扶持下し置かされる」ということで、藩から許しが出た。量平十八歳の時である。

量平には助太刀として榎本周吾が同行した。この敵討ちは、久米兄弟が四十年

飯島量平

近くの年月を要したのとは違い、三カ月という短期間で本懐をとげたのであった。常州府中城下（現茨城県石岡市）で、深夜役人立ち会いの上、大勢の見物人が見守るなかで行われた。二人は、府中藩主松平家から祝いの品までいただいている。新発田藩は、量平を御徒士に取り立てたが、明治四年（一八七一）三十歳の若さで死去した。

なお、敵討ちが全面的に禁止されたのは明治十三年のことであった。

新発田の怪談から

血の泡を吹く鍋

新発田城内三の丸に、代々家老職を務める里村家の邸宅があった。それは〝里村さまのお怪屋敷〟として有名であった。

なぜか同家で団子や餅などを煮るときは必ず、その鍋釜の中から血の泡がわき出るというのである。そしてそこから立ちのぼる湯気がからみ合って一本となり、砕けたと見るうちに、色蒼ざめた若い娘が灰白色の着物を着て現われるのである。

里村家はしばしばこの怪異に悩まされ、団子や餅を煮ることを禁じたのであるが、いつからかそれを口にすることさえ怖れたのであった。それが旧藩時代、誰知らぬ者のないほどの評判となっていたのである。

そもそもの原因はというと、里村家には八代藩主溝口直養の時代に〝官治さま〟という人があり、五、六百石の禄で家老職を務め、かつある事件で殿様を死を賭して諫めた豪気の傑物として藩中並ぶ者なく、この官治さまには何人といえど敬服していたのである。ところがただ一人、この傑物に対してあることに限り言うことを聞かなかったのは同家の下女であった。

この下女は出入りの百姓の娘なのであるが、たいそう美しく、春に下女として申し受けてからというもの官治さまの心はすっかり奪われてしまったのである。

もう中年も過ぎた身でありながら、娘の艶やかな容姿が目にふれるたびに胸の高鳴るのを抑えることができなかった。そして「わしは、あの女を好いておる」、誰もいないときなどそうしたひとり言が日に何度となく吐息とともに出てくるのであった。夕食となれば、奥様に遠慮しながらであったが、この下女を呼んでは酌をさせたりしていたが、いつしかはばかる気持ちも薄らいで、時には酌をする娘の手をそっと握りしめたり、体を引きよせたりするようになった。娘ははじめは笑いながらその手から逃れていたが、官治さまのそうしたいたずらがだんだん意識的かつ本格的になるにつれて、娘の態度もますます警戒の色を加えていくのであった。しまいには、夕食のときの酌はこの下女と奥様が申し合わせたかのように、奥様がもっぱらするようになったのである。そしていつか官治さまの心にはいとおしさを通り越した憎悪の念すらこみ上げてくるのであった。

　そうした後のことである。夜更けてのち、官治さまは酒の酔いにことよせてこの下女の部屋をうかがったのであるが、下女のすることとも思えないほど、手きびしい肘鉄砲をくらったのである。官治さまは、煮えたぎる恥辱と憤激でワナワナふるえながら自分の寝室に引き上げた。そして懊悩として苦しみ一睡もせぬうちに、早くも夜が明けたのである。

　台所では、下女が起きて朝食の仕度を始めたらしき物音がする。一睡もしない官治さまは、小用を覚えて起き出し冷たい冬の廊下を踏んだ。外には雪の降る気配がする。官治さまは用を終えて台所のそばを通るとき、下女の立ち働く姿を、憎々しく思いながら障子のすきまからのぞいて見たのである。娘は当日は〝大師祭り〟とあって前夜奥様の命ずるままに小豆粥を煮ていたのであるが、官治さまが見ているとも知らず、団子の煮え加減をみるために指でその一つをつまみ上げて、自分の口の中へ入れるところであった。

　官治さまは、この様子を見るや前後も忘れ、ガタッと障子をはね飛ばして台所に入り、腰にさした小刀を抜く手も見せず娘の首に斬りつけた。娘の首はアッとも言わず、煮えたった大鍋に切り落とされたのである。

朝のまだよく明けぬうちのこの物音に一家は驚いて台所へ来てみれば、主人官治さまは色蒼ざめて立ち「主人の食わぬ前に無礼者めが」ととぎれとぎれ息をはずませてうわごとのように口走っていたのである。

里村家では、この事件を無礼討ちとして処理し、娘の菩提を弔ったとのことであるが、このようにしてそれ以来、前記のような怪異が同家に永く続いたのである。

しかし、今はその怪異も遠い昔の物語として、屋敷ともども跡形もないのである。

めでたい話

寒中の筍

○元文五年（一七四〇）二月一日、赤渋組十二道嶋村（現新潟市内）の百姓仁助と申す者、屋敷内の藪に旧冬より筍生じ、献上したので金二百文を下された。

○宝暦元年（一七五一）四月五日、当春雪中、大面組吉田新田（現三条市内）の名主今右衛門の屋敷内に筍が生じたので、お祝いのため役人たちへ酒や吸物を下された。

公方様より雁頂戴

宝暦二年（一七五二）十一月十一日、七代藩主直温は公方様（将軍家）から鷹狩りで捕った雁三羽を頂戴した。うち一羽は御在所（新発田）に送られたが城内で料理され、諸役人に肉一切れずつ分け与えられた。

感状現わる

宝暦三年（一七五三）十月二十一日、それまで行方不明となっていた初代藩主秀勝あての、徳川家康からの感状（手柄を褒めたたえた文書）などが、百五十三年目にして思いもかけず江戸で出現し、江戸の藩邸と新発田城内で盛大な内祝いが行われた。

この感状は、慶長五年（一六〇〇）の「上杉遺民一揆」平定の戦功に対して与えられたものであるが、国元へ持ち帰ろうとした使者が、途中賊に襲われて死亡し、そのまま行方不明となっていたものである。それが百五十三年後に、池田信濃守の家臣が、わが家にはなんのかかわりもないものとして、溝口家へ献上したのであった。

七代藩主直温は、あまりにも不思議なことながら、まことに喜ばしいことであると、盛大な内祝いを行い、一〇人の重臣には馬の鞍を一つずつ、そのほか小者に至るまで料理を与えた。

外様大名である溝口家としては、藩祖の戦功と新発田藩存立の根拠を証する重要な文書であっただけに、その突然の出現は藩主以下を狂喜させる出来事であったのであろう。

三つ子出生

二人以上の胎児を同時に胎内に有することを多胎妊娠と呼ぶ。双胎（二子）は八〇回の分娩に一回の割合で現われ、三胎（三つ子）は八〇の二乗（六四〇〇）回の分娩に一回の割合で現われるということである。

新発田藩では、三つ子出生の際には、その養育料として米を下賜していた。このことが記録に初めて現われるのは寛保三年（一七四三）のことである。当初給付された米は二〇俵であったが、宝暦六年（一七五六）以降、一〇俵に改められている。この制度は安永六年（一七七七）に廃止されたが、この三十四年間に、領内で三つ子が出生したのは八件であった。

長寿の者

長生きできるのも、これまためでたいことである。

長寿の者へ養老として、米金が下賜されるようになったのは、三つ子出生の際の養育料支給開始と同じ年である。三つ子への給付が比較的短命に終わったのに対して、これは断続的ではあったが、ほぼ廃藩まで続いた。ただし、当初支給の対象とされたのは家中（藩士）の七十歳以上の者だけであった。

これが一般領民にまで拡大されるようになったのは、三十年後の安永二年（一七七三）からであり、支給対象は九十歳以上とされた。原則的には、隔年ごとに二俵の米を与える計画であったが、天明二年（一七八二）に至り、前年の水害による藩収入激減のため、中断せざるを得なかった。のちには、給付対象が八十歳以上にまで拡大された。

水戸藩の儒学者で地理学者である長久保赤水は、宝暦十年（一七六〇）に新発田を訪れているが、「越後の七奇というが、これより奇なものがある。それは、新発田侯の養老の仁政である」と述べている。

不思議降る文政十三年の怪事件

文政十三年（一八三〇）四月十日頃より、家中屋敷築留の石沢友泰《いしざわゆうたい》宅に怪異の事が続いた。

新発田藩「御記録」　文政十三年四月の条

○十日頃より、簗留石沢友泰居宅に怪異の事あり、五月七日頃よりいよいよはなはだしく、二十八日に至りて止む
○はじめ門口に糞たびたびこれあり、それより住居向き仏壇等に至るまで同様、その後昼夜となく糞そのほか米、銭、にぎり飯、魚等、種々の物投げ散らし、二十八日に至り、自ら止む

新発田藩「御在城・御留守日記」（月番日記）文政十三年五月九日の条

○一、御勘定奉行より、石沢友泰方にて、去月十日頃より狐狸のなすところにもこれあるか、最初入口へ糞度々これあり、それより住居所々の仏壇にまでこれあり、ならびに種々のもの投げ散らしそうろうところ、当七日頃よりいよいよ増長いたし、最初は昼のうちばかりにそうろうところ、このほど昼夜度々そのほか米粒、銭投げちらし、ならびにむすび三ツ、あじ三びき落とし、はなはだ奇怪の段
○届書差し出しそうろうにつき、同十二日御目付へ両役の者差し遣わし、見分

致させそうろうよう申し達しそうろうところ、いよいよ相違無く、度数・品付当書付差し出し、怪異の所為につき、御勘定奉行へ三奉行にも心付などこれ無きかの旨申し入れ置きそうろう、右は春中切支丹の儀につき、堅く御触達もこれありそうろう折柄の儀につき、世間へぱっと取沙汰などもこれありの儀につき、この節右の訳御届これあり、しかるべきかなお御留守居談合のうえ、とりはからせそうろうよう、同十八日の便に奇怪の模様日記添え委細申し遣わす

○一、右につき、両三日目には、届出そうろうよう御勘定奉行へ達し置きそうろうところ、同二十八日より相止みそうろう段、六月二日届出そうろうにつき、何ぞ取扱方、便筋などにて相止むかの旨、あい糾そうろうところ、祈禱あるいは兼て頼み置きそうろう野郎（下男）、下宿《やどさがり》など致させ見そうろう儀これありそうらえども

○何の廉にて相止みそうろうと申す儀、これ無き日数に相成り、自然相止みそうろう旨、届書差出し、同十八日、江戸へ右の訳日記添え、差し登ぼさせ、委細御用状案詞にこれありそうろう、右最初よりの奇怪一件届形一冊にして御勘定奉行より差出し、ならびに御用状案詞等一袋にして仕舞置きそうろうにつき、略しそうろうこと

一、一般常識的に考えれば、イタズラまたはイヤガラセである。しかし家人の警戒・監視下のことであろうし、藩が直接調査に乗り出し公的記録にも遺していることから、また現象が現われ終熄するまで約四十八日間という長期にわたる事件であることから、単なるイタズラ・イヤガラセとも思えない。銭まで投げ散らしたということであるから、ますますその思いを強くする。

二、常識的な説明が不可能で、これが「超常現象」であるとするならば、ポルターガイスト（Poltergeist: ドイツ語で〝騒霊〟の意）に分類することができる。つまり騒々しい霊である。この例は、古今東西無数にあるという。

三、コリン・ウィルソン著『ポルターガイスト』によれば、騒霊は次のような現象であるとのことである。

ア、突然始まり、突然終わる（原因不明であるから、当然にも〝突然〟ということになる）。一般的に数日間から数週間続く。

イ、原因不明の音がする。

ウ、密室状態であるにもかかわらず、突然物体が出現あるいは消失し、物体が浮游あるいは移動し、また自ら壊れる。壁を貫通するともいう。ほかにも種々の現象が発生することがある。

エ、一般的には、人体に直接危害を及ぼすことがない。

オ、このような現象が発生する家においては、一般的に思春期を迎えた人物がいることが多い。しかも、男子よりは女子のいることが多い。発生原因とされる人物が不在のとき、現象は停止すると言う。

カ、手足など、身体を動かすことなく引き起こされる現象であるとされる。また、意識下の〝無意識精神〟の所為であるとされている。したがって、原因者にはその自覚がないという。

四、この事件は、今では忘れ去られているが、当時としては有名な出来事であったらしい。新発田町民の間で言い伝えられてきたものを記した『新発田怪談集』を読むと、細部に異なる点や誤りがあるが、大筋において『御記録』・『月番日記』の記述に一致する。

五、藩の反応、対応として注目される点を挙げると

ア、御目付に実地調査を命じた結果、事実であること（つまり、原因不明であること）を確認した。

イ、勘定奉行へ、町・郡・寺社奉行にも注意を喚起させるよう命じている。それはキリシタンの妖術によるものではないかという疑いを持ったため、このことが世間の評判となることを警戒したためらしい。

ウ、江戸の藩邸にも、この事件のことについて報告した。

エ、自然と止んだ原因として、祈禱の結果あるいは野郎（田舎の人、この場合は下男の意）を下宿（宿下り、休暇を出すこと）させた結果ではないかと推測している。

なお、勘定奉行の所管であるかのように記されているのは、石沢が同奉行傘下の家臣であったためと思われる。

六、「御記録」に記されている怪事件は、他に皆無ではない（一件ある。これも、狐のしわざとされている）が、その奇怪さにおいてこの事件は他を圧倒している。

寛政六年（一七九四）、越後村上藩の飛び領地蒲原郡燕町（現燕市）の近く、大田村の徳助の家で、米や茶碗などさまざまな物が飛ぶという一連の事件があったが、これにも十三歳になる少女がかかわっていたとされている。

十返舎一九の見た新発田

『諸国道中金の草鞋』より

『東海道中膝栗毛』の著者である十返舎一九が、新潟二ノ町の宿をたち、木崎を経由して新発田に着いたのは文化十一年（一八一四）の旧暦十月、国境の飯豊連峰も白く薄化粧して、雪雲があわただしく去来する頃であった。

一九は「諸国道中金の草鞋」の取材のため七月に江戸をたち、信州善光寺を参詣したついでに越後高田へ出て、長岡、弥彦、新潟、新発田を急ぎ足で過ぎ、やがて会津街道を赤谷、津川を経て会津若松へ向かうのであった。

「金の草鞋」は「膝栗毛」の趣向をなかば変えたものであった。江戸っ子弥次・喜多に代わる奥州衣川の狂歌師鼻毛延高と僧姿の友人千久良坊、それに東武の騒士下手の横好なる人物が登場する。道中の土地ごとに一ページまたは二ページ続きの絵が描かれ、余白に本文である道中案内と狂歌、そして方言修行と称する方言、軽口、滑稽小話などが書き込まれている。

では、小註をそえて新発田の内容を紹介する。

新発田

それより新発田の御城下にいたる。このところ商人大家多く軒を並べてはんじょうのところなり。

ことさら市の立つ日は近郷にまれなるにぎわいにて遠近の人ここに集まる。

ことさら万町というところ両側に古着屋ありてにぎわいければ

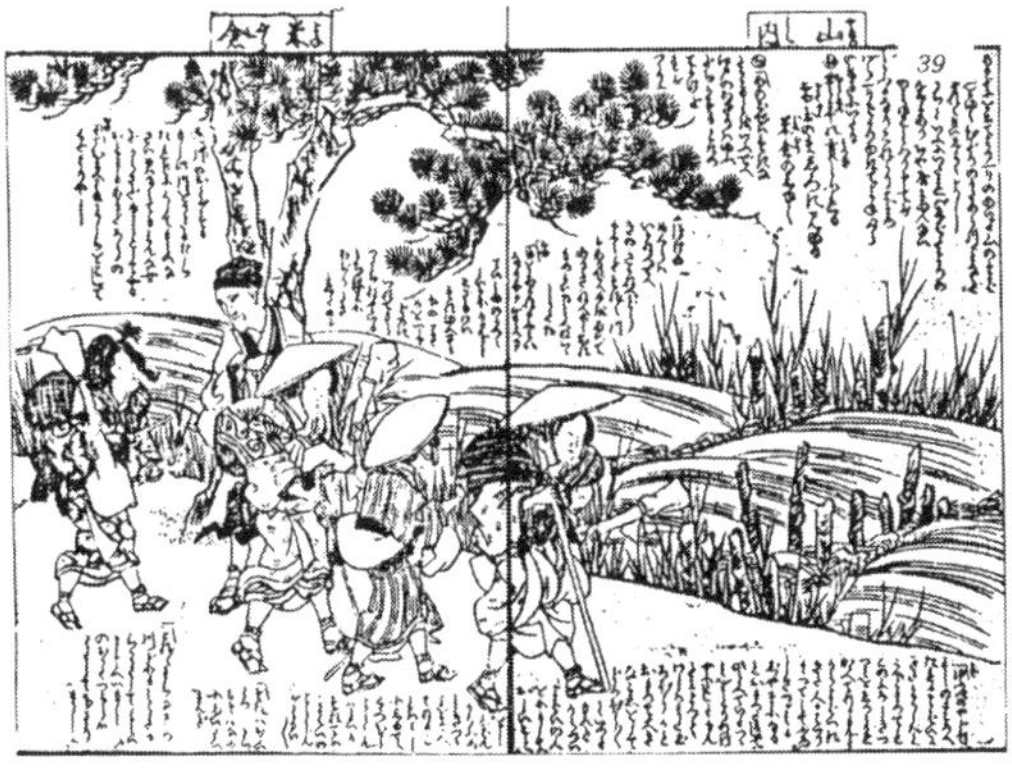

『諸国道中金の草鞋』より「山内・米倉」

家ごとに千早ふるき屋たちつづき　神の守れる八百よろづ町

(ち)〽もし　ここはかぼちゃの名物と聞いたから　わしは至って好きだによってどうぞひとつ買ってかぼちゃのごま汁がして喰いたいと思って見て歩くがどこにもかぼちゃが見えませぬ。

〽そりゃここでかぼちゃというは　ソレむこうへ行く女がここのかぼちゃというのだ。

(ち)ヤアヤアかぼちゃというは女のことかえ　江戸ではかぼちゃが笛を吹いたを見ましたが　櫛こうがいをさして着物を着て歩くかぼちゃは今が見はじめ旅をすれば珍らしいことがあるもんでござります。

〽この国に女をかぼちゃという　ほかの国になき事也

〽それからとんだかぼちゃということがはじまりました。

(狂)いわれを聞けばありがとうございます。

なるほど女をかぼちゃというから男をおえねえ唐茄子だというもいんねんなきにしもあらずだ。

〽ハィハィわきへ寄れ

〽なるほどはんじょうな土地じゃ

〽よい天気だ　はやく泊りに着きたい

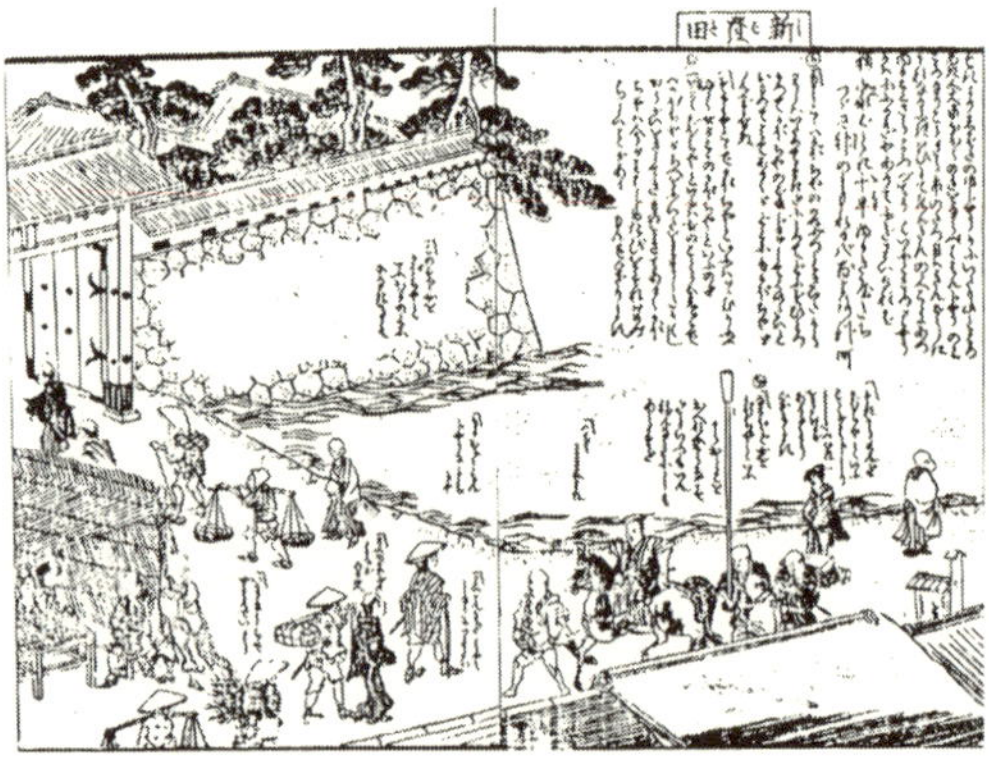

『諸国道中金の草鞋』より「新発田」

〽今日はだいぶん魚があるわえ
〽いかさまここらで休んでいこう

一九は新発田の市日を見てそのにぎやかさに驚いたようだ。

吉田松陰の『東北遊日記』にも「市中頗ぶる繁盛にして、毎月九の日を以って市を為す。而して今日は会々其の日に当たり、民庶雑沓し、貨物粗ぼ備はる」とあり、若き志士にも驚きであったらしい。

その商人大家のなかにも古着屋が栄えたのは、雪国の農民たちが集まる市場であったためであろう。

立売町と万町、上町から下町の間、そして指物町と紺屋町との間は商業の中心であり、諏訪祭礼での〝けんか台輪〟はそれら商人たちの心意気を示すものであった。古い商家は大火と都市計画により今では姿を消してしまった。

江戸中期の国学者、紀行家である菅江真澄は、『ふでのまにまに』のなかで、〝うかれめ〟の各地での呼び方を紹介しているが、そこには「……気仙の小曲、越後の新潟のうき身、新発田の南瓜、信濃の洗馬の針箱……」とある。

諏訪祭礼

新発田諏訪神社の祭礼は、江戸期には藩祭としてとり行われ、藩主が在城の際は、本供揃いで自ら参拝された。また、祭りの間は随神門に番所を設け、足軽を置いて警護にあたらせた。

現在の祭礼行事は、その内容において往時と比べて大きく変化しており、神輿渡御におけるいわば露払いでしかない台輪の曳き出しがあたかも祭礼のすべてであるかのような観さえ呈している。このようなときに、本来の祭礼行事がどのようなものであったかたいへん興味をおぼえるのであるが、では、古い資料をもとにかつての祭礼の様子を再現してみよう。

かつて、祭礼は旧暦八月の二十七日と二十八日の二日間であった。現在は八月二十七日、二十八日、二十九日の三日であり、三日間になったのは、大正二年（一九一三）からのことである。

二十七日午前零時、神殿においては、かがり火も消した暗闇のなか、御神体から分霊を神輿に移す式が行われる。早朝、職人町では榊車を先頭にして大神楽（獅子舞い）が、暁の空を破り神楽太鼓の音も勇ましく神社を目指して出発する。

台輪をもつ町内では、木遣りを斉唱し、台輪ばやしの本調子もにぎにぎしく、高張り（提灯）を先頭に諏訪神社前の上人数溜へと向かう。一方神社では、神霊ののり移った神輿の前で、職人町の人たちが悪魔祓いの神楽を舞い終わると随神門の前で各町の台輪などが人数溜に勢揃いするのを待つ。

　諏訪大祭の神輿渡御における取り締まりは、すべて職人町支配石井忠兵衛の責任となっていた。

神輿渡御の行列は

○先駆……職人町組頭の四人が麻裃を着て先頭を行く

○上町……「一番」と書いた額面纏《まとい》と紅白の鳥毛・金の御幣の伊達道具、次に同町年番いずれも麻裃を着て歩く。笠鉾に続いて藩主から拝領の布袋の人形をかざった本台輪には、はやし方一四人がのりくみ祇園ばやしをかなで、曳き子六〇人が曳きまわす。しんがりとして大世話方が麻裃を着てつきそう

○中町……「錫福」と書いた額面建の纏並びに猩々の台輪

○下町……「神會」の纏に伊達道具、次いで西王母をのせた本台輪

○四ノ町…「降福」と書いた纏に黒鳥毛の伊達道具、ついで神功皇后・

新発田祭り「帰り台輪」

武内宿禰の人形をのせた本台輪

○三ノ町…「正一位諏訪大明神」の纏と藩主から拝領の五階菱の伊達道具並びに孝文帝他の人形をのせた本台輪

○両町……「神威」の纏に緋色の羅紗の伊達道具、五福神をのせた本台輪に、年番大世話方はいずれも麻裃を着てつきそう

○職人町…「職人町」と書いた溝口家裏紋菱井桁の纏を先頭に御先箱二連、兎の投槍一二本、大小鳥毛一二本、碁石鳥毛二本、白黒鳥毛、そのほか槍、差物などあわせて一二六本は藩主から拝領したものであるが奴ぶりの妙技を演じながら行進する。続いて同町の大神楽の一行が各家々の悪魔を祓いながら行く。次に榊車、階下にはやし方六名がのりくみ進み行く、これをデレック台輪という

○神輿……祓二人、神官、神馬、神児、御神刀、御弓、随身二人が進み、神輿は白丁一六人にかつがれる。次いで斎主、挾箱、介添神官など、あわせて約百名の一行である

○しんがり…職人町年番や各町役人などが最後につきしたがう

というものであった。

そして、氏子の各家では皆青すだれをおろし清砂をまき、神輿が通りかかると家族一同礼服を着て最敬礼する。このようにして、万町、上町、追手先、中町、

下町、職人町（神明宮）、四ノ町、三ノ町に設けられた御仮舎（御旅所）に到着しては式がとり行われる。各町では若い衆が神輿をかつぎまわり、次の隣町へと送る。この大行列は午後十二時には神社へともどる規定になっていたが、翌二十八日の午前中になることが通例となっていた。

あくる二十八日、夕刻となって境内では五穀豊穣を祈る〝湯立て〟の神事がとり行われるなかを、帰り台輪がそれぞれの町内へと向けて出発する。この夜十二時に、神輿を社殿に納める行事が行われる。職人町の若い衆が神輿をかついで社殿のまわりを何十回となくまわるのであるが、十二時近くになると拝殿では太鼓を打って納まるのを待つ。職人町の役員や若い衆の親方は弓張りをもって昇殿を促すがなかなか若い衆はあげない。階段まで上っても再び、三たび社殿をまわり祭りの最後を惜しむ。かがり火に照り映えて、神輿が太鼓の鳴り渡るうちに納められるのは真夜中過ぎとなる。拝殿では祝詞を奏し、祭りの一切は終わり、境内はまたもとの静寂にかえる。

このように、かつては華麗でにぎやかであった諏訪祭礼の行列のなかに、動きも激しくきわだって眼をひくのは台輪であり、台輪は新発田の人々の心を大きくとらえたものの一つであった。

これも新発田

近現代新発田の五人

実業から芸術まで多彩な顔ぶれ

大倉財閥の創業者

大倉《おおくら》喜《き》八郎《はちろう》（一八三七～一九二八）

実業家、男爵。町役人の家柄をもつ家の三男として生まれた。十八歳のときに江戸へ出て、はじめ鰹節店に奉公したが、戊辰戦争の際に幕府軍にも官軍にも銃砲を売って資本を蓄積し、のちに大倉財閥を形成するに至った。

日本料理の近代化に貢献

渋谷《しぶや》利《り》喜《き》太郎《たろう》（一八六四～一九四〇）

料理研究家。「近代日本料理の祖」とよばれ、日本料理の近代化につくした。東京料理職組合理事長となり、大正天皇の即位大典には宮内省に招かれ、料理いっさいをまかせられた。新発田、新潟などにも門弟は多い。

女性の人気を集めた挿絵画家

蕗谷《ふきや》虹児《こうじ》（一八九八～一九七九）

画家、詩人。本名一男。新聞記者の長男として新発田に生まれる。はじめ日本画を志したが、竹久夢二との出会いにより挿絵の世界に入った。「花嫁人形」の作詞者、「少女画報」「令女界」「少女倶楽部」などの挿絵画家として一世を風靡した。薄幸の母への追慕の念が、のちの作風に影響を与えたようだ。詩画「花嫁人形」は代表作で童謡にもなっている。

『大番』のモデルとなった大物相場師

佐藤《さとう》和三郎《わさぶろう》（一九〇二～一九八〇）

投資家。旧会津領赤谷村に生まれ、小学校卒業後上京。株屋に奉公し、夜は大倉商業学校（現東京経済大学）に通う。二十九歳で独立、証券業を始めた。鉱山業を経て、戦後丸佐証券社長から合同証券社長となる。強気で株を買いまくり財を成し、兜町の名物男となり、獅子文六の小説『大番』の主人公のモデルとなった。後に相場師としての限界を悟り、不動産業、ゴルフ場経営へと転身した。

蒲原の自然と人を描き続けた

佐藤《さとう》哲三《てつぞう》（一九一〇～一九五四）

洋画家。職業軍人の子として生まれ、五歳のときに脊椎カリエスを患う。新発田上町の玩具店「十万堂」二階にアトリエをもった。独学で絵を描き、早くから梅原龍三郎に認め後に、郊外の加治村に住居を移し、児童画の指導を始めた。蒲原平野の人と風物を、深いヒューマニズムと繊細な情感の筆によって、カンバスに定着させた。なかでも、夕日に照らされた蒲原平野のみぞれのぬかるみを人々が家路につく様を描いた最晩年の作品「みぞれ」は絵画史に残る傑作といえる。農民や蒲原平野をモチーフに、大地に根ざした作品を描き続けたが、一九五四年四十四歳で新発田市二の丸病院で死去。

佐藤哲三の代表作品　「ダリア」「瓦焼場風景」「椿」「赤帽平山氏」「郵便脚夫宮下君」「大道商人」「苦悩」「農婦」「稲」「田園の柿」「寒い日」「原野」「残雪」「みぞれ」「裸婦」「帰路」

第五章 藩を揺るがした騒動三話

お家取り潰しまでには至らなかったものの、薄氷を踏むような想い。

1 塩留め事件

塩と蠟燭をめぐる、新発田と会津の確執。
新発田藩の危機はひとりの藩士の自発的なそして犠牲的行為により、
救われ、新発田藩の命脈は保たれた。

新発田の塩と会津の蠟燭

万治三年十月十日　会津役人立ち越し、山内口留番所辺にて井上久助を斬罪に行う。

会津より蠟燭をさし越し、御領分よりは塩をさし遣はし候事、年々常例に候ところ、会津より蠟燭をさし留め候につき、御領分よりも塩を指し留め、遣はさず候ところ、会津にて殊の外遺恨に存じ、罪人指し出さず候はば、御家の御難儀に及ぶべき事体につき、其の事に関り候役義にもこれ無く候え共、御上への忠悃を存じ、みずから罪を引き受け、会津へ参り、塩留一件は私の所為にて、領主には少しも存じ申さざる旨申し述ぶるにより。

これは、新発田藩の公的記録『御記録　巻之三』の一節である。万治三年とは、西暦一六六〇年、三代藩主溝口信濃守宣直のときのことであった。

かつて新発田藩と会津藩との間には、商人の手を介しての塩と蠟燭のバーター取引が行われていた。毎年、新発田からは塩が送られ、その見返りに蠟燭が送られてくるのである。

ところが、明暦の末年から万治元年にかけて、会津から無断で蠟燭を送ってこなかったため、新発田としても塩を送るのを停止した。もとより商人の手を経ての交易で、事は経済上の問題であった。解決は相互の交渉によってはかるべきであったし、問題はさほど困難なこととはとうてい考えられないことであった。

それが事件に発展したのは、先方から無断で送ってこなかったので、こちらも無断で留めたことに対して、会津側では直接藩が表面に出てきて、新発田藩を相手に、一方的にその非を鳴らしてきたからである。

会津は親藩の大藩、しかも二代将軍徳川秀忠の第三子として出生した保科正之が藩主。かたや新発田藩は外様の小藩である。大藩が小藩のとった報復措置を不問に付することは威信にかかわることで許すことができなかったのかもしれないが、新発田にとって恐れることは、会津が親藩でしかも東北の重鎮として幕府の側にあるため、これを口実にして単なる威嚇ではなく、外様とり潰しの矛先を実際に向けてくることである。会津藩の抗議を藩の浮沈にかかわる一大事として狼狽し、苦慮したのは当然のことであった。

明暦四年（一六五八）五月に会津藩から御用状が来た。このたびにわかに定例の塩を送らないのは不都合である。このことは表向きにして厳重に掛け合うべきで、近日使者を遣わすとのことであった。藩では塩留めの件をそれほどのこととも考えていなかったので、これの対応策に協議が始まった。

五月二十一日に会津藩の使者として二名が来た。会津の抗議内容は、だいたい米塩の二つは兵家の欠くべからざる糧食である。藩公正之は親藩のうえから東北の押さえとして、会津若松の鶴ヶ城に在って天下の重鎮を承っている。かかるところへ軍粮を押さえることは信濃守の正之に対する敵対と思う。もしそのような意趣ならば徳川将軍の思し召しは軽くあるまい。確答せられよ、というのであった。そのときは返答できずに、後日確答を約束しただけで帰したようである。

そして八月二十九日、ついに幕府から使者を派遣する旨の連絡が来るに至り、事は重大な局面を迎えた。城内では大評定が開かれ、家臣は意見を求められたが、誰ひとりとして申し出る者はなく、いつ解決するとも知れなかった。そこで罪を一身に引き受けたのが四百石物頭の井上久助である。

井上久助の忠壮

久助の父八左衛門正実は、初代藩主秀勝に従い、戦場を馳駆した功臣であったが、慶長六年（一六〇一）に病死。秀勝は深くこれを悼み、幼少の久助にそのまま父の跡目を相続させ、その郎党すべての面倒をみている。久助はこの恩義を心に刻み終生忘れなかったという。

久助は郡奉行役人の地位にあって塩を横流しして、代金を着服したということにして自らすすんで会津若松へ向かい、囚われの身となったのである。

会津へは町人の中村墨五郎を帯同して行くが、横領の事実を証言させるためだったらしい。久助は、塩留めは欲にかられた自分一個の所業であり、藩主（三代宣直）以下何人も与り知らぬことであると強弁して、ついには炮烙《ほうらく》（熱した銅板を渡る）の拷問にも耐えた。久助は、銅板の上を渡りつつ謡曲「かきつばた」の一節を謡い、渡り終わるやばったり倒れて無言であったという。

結局久助一人の罪とされ、中村墨五郎は許されて帰国した。

藩の『御記録』によれば、新発田領山内を目前にした会津領内において斬罪に処せられた。なお会津側に記録はいっさい残っていないという。

井上久助の墓

新発田藩は、井上久助の犠牲により窮地を脱することができた。

なお久助は、寛永二十年（一六四三）に在番として会津で勤務している。これは会津騒動と呼ばれる家中紛争の結果、加藤式部少輔明成がその年五月に改易となり、そのあと保科正之が山形から移って会津城に入る七月までの間、新発田藩が在番を命じられたからである。久助はしたがって城の内外の様子には通じていたはずである。正之を迎えて任地を去り、新発田に帰った久助が、その後十六年もしてからその城内で囚われの身となり、ついに正之の手にかかって処断されることになったのである。

なお、蠟は漆《うるし》の実から搾り採り、漆は樹の幹にキズを付け、そこから流れ出た液汁を採集する。一本の漆の樹から約一六〇グラムの蠟が採れるという。会津藩では、その半分を年貢として徴集した。残りの半分も自由な売買を禁止し、藩で決めた価格で買い上げられた。藩は、蠟を重要物資として統制品の筆頭に指定し、藩で留物として移動を厳しく取り締まった。蠟と漆は、会津藩の重要な財源となっていた。

蠟燭《ろうそく》を灯火として用い始めたのは、室町時代の頃からであるとされる。当初は一般庶民には縁遠い高価な品であったと思われるが、それが江戸時代となり急激に普及し、技術の向上もあり、大型のものから絵付けのものまで流通するようになった。

新発田藩では、古くは会津産の蠟燭を輸入していたものである。初めて自領産の蠟で蠟燭の製造を開始したのは、慶安元年（一六四八）のことである。すなわち、『蕉鹿年代記』に、「この年、御領分木の実四五〇俵、漆六一貫五〇〇匁出る。はじめて蠟絞り仰せ付けられる。木の実一石より蠟一貫目出る。色青し。惣蠟高一〇〇貫これあり候こと。始めて蠟燭御在所にて出来御用に相成る」とあり、藩の『御記録』も同年記事に「是の年御在所にて、蠟燭よろしく出来候に付き、初めて御用に仰せ付けらる」と記されている。

塩留め事件が起きるまでの約十年間のうちに、蠟の生産量が増えて、会津からの輸入も次第に減少し、明暦の末頃には供給が停止しても支障を覚えず、それが連絡を怠ることにもなり、事件の惹起につながったものと想像される。

一方、塩について見ると、領内に海岸線を持つ新発田藩では、宝永年間（一七〇四～一七一一）の記録では、太郎代・亀塚・嶋見の各浜で五八軒の塩焼きが生産に従事していたという。この五八軒の製塩により領内の需用を賄い、そのうえ会津にも送ることができた。阿賀野川の川湊、会津領津川には、米蔵とともに塩蔵・蠟蔵が置かれていた。その頃にはすでに、新発田産の塩に固執しなくても、阿賀野川・新潟湊を利用して、塩は自由に入手することができたのではないだろうか。

②

与茂七騒動

新発田藩の危機の第二。幕府と藩による苛斂誅求を絶対的な背景としながら、農民層の上下間での利害対立が生んだ事件。一揆とまでは至らなかったが、その巷談からは庶民のシンパシーを感じとることができるのである。

火事と与茂七

新発田では、かつて火事があると、すぐ与茂七の名が引きあいに出された。新発田城や城下の大半を焼きつくした享保四年（一七一九）と明治二十八年（一八九五）の大火が〝与茂七火事〟と呼ばれたのであるが、昭和十年（一九三五）の大火でも、裏町のほとんどが焼けて、そのときに不思議なことに久保某宅のみが附近でただ一軒焼け残った。それは「久保家の先祖が与茂七入獄中の牢屋番であって、与茂七が刑場に引かれていくときにわらじをくれたからだ」とまことしやかにうわさされていた。本来、悪人の処刑であればこのようなうわさも出るはずがないのであるが、〝義民与茂七〟と呼ばれたように、正義の人物が処刑されたというところからこの怨念話が生まれたのであろう。

騒動の発端と経緯

与茂七とは、新発田領中之島村の名主、大竹与茂七のことである。宝永元年（一七〇四）六月の大雨で信濃川・刈谷田川などが氾濫し、中之島組地方は破堤の危機に陥った。与茂七をはじめとする同組の名主たちは、大庄屋の儀兵衛と茂在衛門に現場への出動を要請したが、儀兵衛はなぜか三条へ出かけて不在であり、茂在衛門も病気のため出動できなかった。池之島村名主のせがれ安左衛門は、それを怒って留守宅におしかけ、一方与茂七は皆から推されて指図役となり、豪雨のなか必死の働きをしていたが、堤防保護のためやむを得ず自己所有林、ついで大庄屋儀兵衛所有林・藩有林を伐採してそれにあてたのである。しかし、のちに儀兵衛は与茂七を藩林盗伐、安左衛門を一揆徒党の罪で郡奉行に訴えた。藩では二人を捕らえて取り調べたが、中之島組の名主・組頭は連判状をもって、与茂七の行動は「御領分の御為め」を思ってのことであること、安左衛門の行動も一揆徒党ではないと釈明した。判決は、当時の状況下では与茂七たちの行動はやむを得ないものであったことを認め無罪とした。

このような事件を背景として、その後も双方の間では確執が続き、紛争が絶えなかったようである。正徳二年（一七一二）十一月、ある百姓方への集会の案内が出て各村代表がひそかに集まったところ、中之島町名主与茂七と小助が来て、近頃大庄屋が訳の分からない金をたくさん割り付けてきて、百姓の生活が困窮しているし、その使途など不明な点が多くあるので中之島組惣百姓として御上へ訴えたいとの提起がされた。この訴訟に対して藩では、両大庄屋と対決させた結果、(1)被告の両大庄屋に落ち度はないが、(2)百姓の困窮の件については今後吟味し迷惑をかけないように命じる、(3)原告が右訴訟のため徒党を結び組中騒動したことは御法度に背くが、お慈悲を以てお許し下される、との申し渡しが翌三年正月二十七日になされた。同日付をもって、訴状に連判しなかった名主一二名を賞した。いわば喧嘩両成敗の逆をいったわけであり、このことは、与茂七たちの側にも一部「理」があったと認めたことを意味するものであった。だがしかし、「大庄屋に落ち度なし」は与茂七側にとって納得のできるものではなかったらしい。そこで同月、直ちに両大庄屋の不当を重ねて述べる訴状を提出したのであった。藩の名判決が裏目に出たというべきであろう。藩は困惑した。今度の訴状に対しての判決は前回のように早くはなく、江戸藩邸から早く事件を落着させるようにとの催促によって、同年六月にやっと下された。前回とは一転、与茂七以下五人には死罪を申しつけ、そのうち与茂七と脇川新田名主善助は獄門にかける。理由は、大庄屋へ非儀を申しかけ徒党を結んだからだというのである。一度は原告、被告の両方ともおかまいなしとして、ことを穏便にとりはかろうとしたのに対して、なりふりかまわず再訴訟したとあっては、藩と争う姿勢を見せたと解釈され許容の限度を超えてしまったのである。藩にとって、このような風潮が他へひろがることを警戒しなければならなかったし、なにより気にかかるのは幕府の目であり耳であったのであろう。

六月二日、五人は新発田城外中曾根村の刑場で処刑され、与茂七と善助の首は中之島町の与板へ向かう道で晒し首となった。

騒動の背景

この一連の事件の背景をなしている事項について、考察してみたい。すなわち……

宝永三年（一七〇六）、新発田藩は幕府からの国役金を村々に割り付けた。村では連年の水害の惨状を訴え、軽減してくれるようにとの藩への嘆願を大庄屋に依頼したが断られ、そればかりか、年貢米の厳重取り立てすら行われた。村民はやむを得ず、大庄屋儀兵衛から一五〇両を借用してとりあえず上納した。ところで同五年借用金を返済したにもかかわらず、儀兵衛は借用証文を返してくれず、再び大庄屋と名主の間に争いが生じた。名主たちは、借用証文の取り戻しを求める訴訟を行ったが、名主側の敗訴となった。

かくて村方の怒りが高まっているところに、大庄屋方から増税、未納年貢の督促、大庄屋役宅（大庄屋個人の居宅ではなく）の雑用賦課を通達してきたので怒りは爆発した。すなわち村方ではまず減免と猶予を大庄屋方に願い出たが認められず、席上の激論は喧嘩、大立ち廻りとなり、大庄屋方では与茂七等を徒党乱入等の理由で訴えた。これに対して与茂七等村々の名主たちも連署して、大庄屋の非違をあばき、双方からの藩への訴訟となった。

藩では事の重大さに驚き、家老をはじめ藩の要職をあてて取り調べを開始した。だが、藩側の担当の家老が死亡したり、病気で退役したり、役職の異動などもあって、審理は停滞し長年月をかけても黒白が判明せず、事態はますます深刻の度合いを深めた。

そのうちに、世間のうわさもますます高まってきたので、もはや一刻の猶予も許されず、事件の決着・収束をはかる必要があるということで、前述の処刑に至ったものと考えられるのである。

与茂七側の主張

第一回目の訴状……正徳二年（一七一二）十一月

(1)近年大庄屋方から訳の分からない金をたくさん割り付けてくるので、百姓の生活が困窮している。

(2)今年十一月十五日期限で国上金及び見附町藤十郎金という名目で、一石に付き銀十匁《もんめ》を取り立てると言ってきた。後者は先年、中之島組出入雑用金のうちというが、元利勘定もせず勝手に取り立てるのは迷惑である。

(3)四～五町の野方から人足六千～七千人を動員して刈ったたくさんの萱《かや》を、一部は刈谷田川堰《せき》に用いたが、残りはどうしているのか分からない。

(4)去年六月中に組から二〇〇両を出したが、その使途が不明である。

(5)去年、大庄屋儀兵衛の生活が苦しく借金があるとて村から合力金百両を徴収した。しかし儀兵衛の生活は苦しくないので、今年から合力金を徴収しないように命じてほしい。

(6)儀兵衛はたくさんの田地を所持し、山嶋組でこれほどの地主はいない。このほか他領にもたくさんの田地を買っている。

(7)近年御収納米を二千～三千俵売っている。これは江戸出入金差引きのためというが、大切な年貢米を勝手に売買し世間も驚いている。何をたくらんでいるか分からない。

第二回目の訴状……正徳三年（一七一三）正月

(1)儀兵衛は刈谷田川大堰工事を粗雑に実施したので、すぐに破損し、組に迷惑をかけた。粗雑に工事を行った理由は儀兵衛の所有田地のある村にとり、工事実施が不都合なためである。また工事実施に当たり中之島町百姓に迷惑をかけた。

(2)両大庄屋は新発田への往来に、安上がりの陸路を使わず、経費のかさむ舟路を用いてその経費を組に割り当ててくる。

また城下に行っては自分や仲間庄屋の問題のために逗留し、その雑用金を割り当てる。組方出入りで江戸に上った際の経費の割り当ても多すぎる。さらに儀兵衛の妻のため長岡から医者を呼んだ際の送迎に名主組頭を動員するなど、我儘《わがまま》かつ奢《おご》った行為がある。

(3)近年庄屋は組内百姓の願いに熱心に取り組まず迷惑している。なかんずく中之島組は大河にかこまれ土木普請が多いので、他組への人足手伝い勘弁方を願ってくれるよう頼んでも取り上げてくれない。また田畑の検分を行わず、普請の際も杖突《つえつき》★にまかせ、自分で検分しないため迷惑している。

(4)村松領見附町藤十郎が中之島町へ出店したが、両大庄屋と懇意なため、これを後ろ盾として貸金取立てなどに目に余る行為がみられる。他領の者を大切にし、自領の者に不便を与えている。

(5)両大庄屋は藩から与えられた普請人足米の一部を押さえて渡さない。その他金銭関係に不埒な行為が多い。

(6)旧冬両大庄屋の御収納米売り払い行為を申し上げたが、これは上米を売り払い、下米を買って沼垂蔵に納め、利ざやをかせいでいるのである。

(7)以上のため組内百姓は困窮し、他領住民への土地売渡し高六四〇石、他領へ質入れ百姓三百軒余。その他、借金者や奉公人が多くいる。もちろん領内住民への土地売却、質入れの数も多い。

訴訟箇条中には、幕府や藩による賦課・命令など、大庄屋の権限を超えた事項まで、不当としているものがある。要するに、この第二回訴状の中からは、この争いの原因として用水をめぐる利害対立、それに輪をかけての水害常襲地帯の苦しみ、農村への貨幣経済の浸透、さらには上杉遺民一揆で一掃されたとは言え、

▼杖突
測量役人

いまだに色濃く残っている中世的な大庄屋の土豪的な特権意識が反映された一連の騒動であると言えるのではないだろうか。

ところで、新発田諏訪神社の境内に五十志霊神社という小さな社があり、人々は〝いそし様〟、〝与茂七様〟と呼んでいる。この「五十志霊神」は表向き溝口家に代々忠勤した重臣たち五名の霊となっている。しかし、ほかになにも記されていない神体がひとつあって、実はこれが本当の五十志霊神ではないかと推察されているのである。お家のため、この世に恨みを遺していった人々の祟りをおそれて、藩主の奥方が江戸藩邸の一部屋に祀っていたのを、文化年間（一八〇四～一八一八）になって当地へ移したのがこの社の始まりであるといわれている。

諏訪神社境内の五《い》十《そ》志《し》霊《れい》神社

③

清涼院様一件

新発田藩の危機の第三。八代藩主から九歳の九代幼君直侯への政権交代の際に発生した。七代直温の正室清涼院がもたらした藩政内の大混乱。お取り潰しまでは至らなかったが、清涼院の実家出身の幕府老中が解決にのり出す、大事件であった。

直侯《なおとき》の九代藩主襲封と前後して、騒動が二件起きた。

八代藩主直養《なおやす》は、天明六年（一七八六）持病を理由に五十一歳で隠居し、甥（異母の弟、直信の子）亀次郎に家督を譲った。九代藩主直侯の成立である。ただ、九歳という幼君であったため、実質的な役向き・藩政は引き続き直養が担った。

八代直養は七代直温《なおあつ》の庶子（側室の子）であり、当初正室（のちの清涼院）の子である直経《なおつね》が世子（世継ぎ）であったが、病身という理由で廃嫡となり、そのために家督を相続したという経緯がある。

直養は、家督を相続した年に、直温正室の子で弟にあたる直信を養子に迎えて世子としたのであった。

退身一件

ところが、天明五年（一七八五）に、世子直信の退身を意図した「退身一件」と称される事件が発生する。直信は病身であり家督相続が難しいので、直信の子亀次郎を嫡孫として、直接に直養の跡を継がせようとするものであった。

この一件で注目されるのは、直信のお守役であった鈴木三太夫父子や他の二名の家臣が家老である堀内蔵丞から閉門、つまり謹慎処分を受けていることである。これは、直信の退身に鈴木らが反対し、紛争となったため国元筆頭家老堀の裁断となったとされる。

しかし翌六年には裁決を言い渡した家老堀、江戸詰の中老速水金太夫・同秋山伴右衛門の重臣三名が逆に謹慎を命じられ、先に閉門を命じられた鈴木らが罪を解かれ、復職させられているのである。さらに直養は、退身させたはずの直信を二カ月もたたぬうちに、再び世子に戻すのである。

そして、家老の堀らは軽率であったという理由で、役職と知行《ちぎょう》（禄）の取り上げという厳しい処分を受ける結果となった。

世子廃嫡という事態は一転して元に戻って一件落着となったのであるが、約五カ月後、世子直信は急病を得て死亡した。三十一歳であった。

直養は同六年隠居し、九代藩主直侯の誕生となった。

この「退身一件」の背景には清涼院の意志が大きく働いていたといわれ、最初は清涼院に遠慮していた直養が、のちにその非を唱え、直信を再び世子に戻したとされる。

清涼院が、なぜ自分の子直信を退身させようとはかったかは全くもって不明である。なにか直養に対する感情のもつれのようなものがあったのかも知れない。不可解な事件であった。

三河からの付き人

事は七代直温が、三河吉田城主松平伊豆守信祝《のぶよし》（七万石）の娘留姫を正室（のちの清涼院）として迎えたことに始まる。この事件は、清涼院が輿入れのときに付き人として連れて来た三河吉田藩士の相葉七右衛門を、新発田藩の家老にしようとする清涼院と、本来の新発田藩の家臣たちとの紛争であるといわれる。

相葉家は、新発田藩主の私邸を取り締まる奥目付や奥家老に就任している。父子二代にわたり奥向き御用を勤めた関係で、清涼院の引き立てもあってか、異例とも言える出世を遂げている。やがて重臣の列にも加わり、二百五十石の定府《じょうふ》（江戸に定住の）御側用人・中老格として藩政の中枢にたずさわるに至ったのである。

このように、相葉家は新発田藩に仕えるようになって、わずか二代にして、中老格にまで出世しており、こうした状況と九代直侯が幼君であったことから、次第に江戸藩邸において、従来の重臣たちと新興相葉家との間に確執が生じていったものと思われる。

重臣間の確執

さらに、清涼院から、寛政元年（一七八九）四月に、国元家老溝口半兵衛、同堀丈太夫、物頭格・元〆佐藤八右衛門ら三名の役職召し上げ、閉門処分と相葉七右衛門の定府家老登用要求が出され、この要求をめぐって藩内は大混乱となるのであるが、この紛争解決の糸口をつかむことができず、清涼院の実家の、父から数えて四代目で幕府の老中を務めていた松平伊豆守信明が、直接裁定役としての り出してきたのであった。

幕政の重職にあった伊豆守信明は、九代直侯とは又いとこにあたる人物であるが、近親である新発田藩の内紛のうわさを聞き、寛政元年三月二十一日、江戸家老速水九馬、中老格相葉七右衛門を召喚し、藩主が幼少でもあるので、しっかりと補佐するよう警告を与えている。伊豆守は、浩軒（八代直養）から「御後見同様御世話」役を依頼されたとされるが、寛政元年四月二十七日、このことを承諾し、同日紛争の中心人物である相葉七右衛門に対し役職と知行の取り上げ、謹慎を命じた。相葉は同年五月十日、新発田へと送られ、厳重な監視付きの蟄居処分のなか同二年七月、四十六歳で病死した。

これは清涼院と相葉七右衛門の一連の画策に対しての、清涼院の実家である松平家により行われた懲罰であった。

寛政元年十一月四日、幕府から命じられた突然の二万石の領地替えは、表向き福島潟の開発権をめぐる処置とされるが、実はこれらの内紛に対するけん責処分であったとされる。

九代藩主直侯は、二万石の領地交換について、常に「自分の幼少の時で全然関知しなかったことではあるが、大祖秀勝以来受け継いできた土地・人民を、自分の代に召し上げられたことは後代までの恥である」と嘆き、その返還を強く念願していたという。直侯治世の寛政期の藩財政は、元年の二万石の領地交換を契機として重大な危機に直面した。そして藩財政は悪化のまま、享和二年（一八〇二）、わずか四歳の十代直諒に引き継がれていくのである。

なお、直侯の没する直前、藩臣間では党を結んで権を争い、重臣の堀・里村は病と称して出仕せず、このような状態を苦にした監察役の梶某は城中で自殺するという不祥事があった。直侯はこの報を受けたとき、憂心煩悶して発汗止まず、寝食を安んずることがなかったという。この騒擾の年に他界した。

藩政、なかなか治まらない時代であった。

第六章 城下町から連隊の町へ

藩是を貫き通しながらも、戦火をまぬがれることができた戊辰戦争。

①戊辰戦争と新発田藩の終焉

大義を貫き、新政府側について勝利した新発田藩。
その果実の少なさと、旧幕府側に立った他の奥羽越諸藩の人々との気まずい関係は、
新発田の士庶に意気消沈をもたらした。

慶応三年（一八六七）十月、将軍徳川慶喜は大政奉還を行った。そして全国の十万石以上の諸大名は朝廷から上京を命じられた。十二月二日、新発田藩は名代として江戸詰家老窪田平兵衛が、一行十余名で京都に赴いた。以後窪田は、激動する政情を新政府側に立って、江戸藩邸と国元へ情報を伝えるという、きわめて重要な役割を果たした。

ただ京都にいただけでは、正確な状況の把握は困難である。溝口家と公卿との姻戚関係が、このときに、威力を発揮したのではないかと思われる。

慶応四年（一八六八）正月三日、幕府及び会津・桑名両藩らの連合軍約一万五千人は、薩摩藩討伐を上奏するという名目で兵を京都に進め、鳥羽・伏見で薩長両軍と交戦するに至った。しかし幕府軍はわずか五千名の薩長軍に敗れた。このことは倒幕を目指す新政府に、倒幕の兵を挙げる絶好の口実を与えることとなっ

た。

新発田藩の戊辰戦争

この鳥羽・伏見の戦いに端を発した戊辰戦争は、日本を二つに切り裂いての一年と六カ月もの内乱となった。

新発田藩は、代々受け継がれた藩学の崎門（山崎闇斎派）朱子学の影響もあって、藩主をはじめとして藩論の大勢は勤皇であり、ために他の多くの藩のように佐幕と勤皇の二派に分かれて争うまでには至らなかった。そして大庄屋、名主などの農民指導者層もまた、幕末に普及した平田国学の影響を受けて敬神勤皇の思想を持ち、農兵隊（草莽《そうもう》（草むら）隊）を組織するなどして、藩と新政府の軍事行動に自主的に協力したのである。

新政府は仙台、米沢などの藩に会津討伐を命じたが、奥羽諸藩は薩摩・長州両藩に疑惑と反感を持っていたのでこれに応ぜず、逆に五月三日奥羽越列藩同盟を結ぶこととなった。

一方、鳥羽・伏見の戦いの後、新政府から徳川慶喜追討令が出て、新発田藩には京都の警固のため、兵を差し出すよう命令が来たので、江戸から二百名、新発田から二百名、計四百名を派遣した。

同じ頃討伐の対象となった会津藩の主唱で、越後の諸藩に、会津藩の陣屋のあった酒屋（現新潟市酒屋町）での会談が呼びかけられた。会談は二月二・三日にもたれたのであるが、中央の政局の関係もあり、高田藩が欠席するなど参加の藩は多くなかった。予想される新政府軍の越後進攻への対処方について話し合われ、一応円満に終えた。しかし、閉会後の宴で、とんでもない事態が生じて、新発田藩の代表二名は窮地に立たされた。すなわち、新発田藩兵が京都に上ることを知った新潟奉行所の急使が来て、席上で諸藩に知らせたのである。京都へ兵を出すということは、新政府側についていることではないかということになったのである。新発田藩の代表は、今こちらへの出張中のことで、存じていないと申し開きをするが、いったん新発田へ帰り、その事情を聞いて諸藩に返答することになった。どういう報告の仕方をしたのか、奇妙にもその場は「疑念晴れ候」と事なく終えることができた。事態の急変に、各藩は情報量の圧倒的な不足ゆえに一時、思考停止状態に陥っていたのではないだろうかと思うのである。

新政府は、諸藩を朝廷の統治下に置くために山陰・東海・東山・北陸の各道へ鎮撫使を派遣した。鎮撫総督は、積雪期でもあるので、あらかじめ越後諸藩へ勅書を先行させた。勅書はリレー方式で送られ、二月十五日に村松藩より新発田へ到着、翌十六日三日市藩へ送った。三月十六日に高田へ到着した先鋒総督は、越後一一藩の重臣を召集した。新発田藩はその場で、異議なく請書を提出した。越後諸藩はそれぞれ先鋒鎮撫総督へ「王事に協力する」という請書を提出したが、長岡藩は出兵・献金を拒否した。

なお、幼君直正と静山（先代の十一代直溥隠居後の号）が相前後して三月に、会津街道経由で新発田へ帰国した。どちらも新発田まで会津藩士の監視下の帰国であり、会津の宿舎では随行の家臣が詰問を浴びせられている。国元の藩士たちは、この無礼に激怒し上申書の提出までしている。

奥羽越列藩同盟加盟

閏四月四日、米沢・仙台両藩の呼びかけで「会津藩降伏謝罪の嘆願申し出あるにつき評議いたしたい」ということで、奥羽越列藩会議が白河で開かれ、会津藩に対して寛大な処分を要望する嘆願書を奥羽鎮撫総督に提出することを決め、次いで会議は仙台藩に移され、五月三日「奥羽越列藩同盟盟約書」が出席諸藩の賛成を得て採択された。奥羽越列藩同盟の成立である。新発田藩は不参加の態度をとるが、五月十五日仙台藩玉虫佐太夫、同鈴木直記、米沢藩若林作兵衛らが訪れ、

維新期に活躍した藩の重臣たち
前列左から、山庄小左衛門、窪田平兵衛、溝口半左衛門、堀主計、溝口半兵衛
後列左から、里村縫殿《ぬい》、梶弾右衛門、湯浅権左衛門、里村官次、速水八弥、溝口靱負《ゆきえ》
（明治六年ごろ）

家老の溝口半兵衛、溝口伊織に面会して「このたび奥羽越列藩盟約に及び、会津藩の謝罪嘆願をはじめ皇国のため尽力することになった。越後諸藩中独り新発田藩のみ加盟しないのは、いかなる理由なのかお聞かせ願いたい。もし異論があるなら手始めに事に及ぶであろう」と強硬な申し入れがなされた。老侯静山の了承を得て、十六日加盟するに至った。一方では新政府に与し、他方では列藩同盟と結ぶという矛盾する結果となって、北越戊辰戦争に突入するのである。

領民蜂起

同盟加盟後の藩は新潟表において同盟諸藩が会議を開くので重臣一人の出張と警備のため藩兵の出動を要請され、溝口内匠を派遣した。また物頭堀主計を隊長に藩兵二百名と砲四門が五月十九日出発、同二十一日新潟に到着した。この藩兵中二小隊は、領内農民によって編制された銃兵隊であった。新潟警備の藩兵は、同盟諸藩より長岡・見附戦線の同盟軍支援のため派兵を強要され、しぶしぶながら出発し沼垂町に着いたところ、領内の農民が各所に蜂起して、橋を落とし、道路をふさぎ「官軍と戦うべからず」と殺気だって阻止するため、沼垂町より先に進むことができなかった。以後、堀隊は沼垂町にとどまる。これが領民蜂起の最初である。そして以後何回か領民蜂起がみられる。

一方、六月一日、物頭脇本庫之助・高田忠兵衛の率いる二小隊及び高山安兵衛の率いる小役人一小隊と砲隊は、加茂へ向けて出動した。脇本・高田らの隊が新津を過ぎ中村に着くと、農民数百人が各地より集まって、藩兵に「進軍するなかれ、官軍と戦うなかれ」と阻止するため進むことができず一行は西島妙蓮寺に宿陣した。新津組大庄屋桂慎吾が組内農民を指揮し、新政府軍と戦う藩兵の進軍を阻止したのである。

一方、六月四日、城中会議が開かれた。議論は激烈なものであったという。下級並びに少壮の藩士は、一戦に及ぶとも勤皇の素志を貫くべきという主張であり、重臣たちはお家の大事を優先すべきであり、隠忍自重して新政府軍が来るまで時間を稼ごうという意見であった。老侯静山は列藩同盟側の要請に応じて出兵することに決めた。しかし出兵はできるだけ引き延ばそうというのである。このような新発田藩の態度に対し、同盟諸藩は不信感を抱き「新発田討つべし」の声が高まっていくのであった。奥羽越列藩同盟の主唱者であった米沢藩は、新発田藩が出兵要求に応じないなら一戦も辞さないと新発田城下に進入し示威行動を行うに至った。列藩同盟に加盟しながら共同歩調をとらない新発田藩に対して、同盟諸藩は躍起になって圧力を加えるが、らちあかずと見た米沢藩は、越後下関へ出陣していた米沢藩主への幼君直正の訪問という名目で新発田藩主を人質にとり、有無を言わさずに同盟軍に引きつける工作を企てた。藩はこれを拒むこともできず六月五日直正はわずかな供をつれて、新発田城裏門から下関へと向かった。このことが領民に知れると、領民たちは、それは米沢藩の人質であるとして、新発田城下の町人をはじめ、数千人の領民が阻止行動を展開した。このために下関へ向けて城を出発した藩主の駕籠とお供の少数の藩士は数百人の農民に道をふさがれて進むことができず、日暮れになっても蜂起の人数は増す一方なので、藩主はその夜清水谷御殿に泊まることになった。そして藩主の下関行きは取り止めとなったのである。

新発田城下の危機

同盟列藩の隊長は集まり、新発田藩家老の溝口内匠に出席を求めて六月九日会議を開いた。内匠は、同盟諸藩から出兵不履行を詰問されたうえ、最後通告として

一　静山が下関本陣の米沢藩主を訪問すること
一　速やかに出兵して長岡方面で交戦中の同盟軍を支援すること

以上の二カ条のどちらか一カ条を受け入れることを六月九日、子の刻（午後十二時）までに回答せよと申し入れを受けた。もし、その時刻までに回答がない時は新発田城攻撃を開始するというのである。この最後通告を発した同盟軍は、直ちに攻撃態勢を固め五十公野に集結した米沢藩兵を先鋒に仙台、会津、上山、庄内、村上等の諸藩兵は新発田城を四方より取り囲み、五十公野、佐々木、真野原、島潟堤等に大砲を配置して島潟近くまで軍を進めた。新発田は危機に直面して、城下の婦女子に避難を命じ、藩士はそれぞれ部署につき、万一同盟軍が発砲すれば、応戦する態勢をとった。子の刻を過ぎても、新発田藩からの回答はない。米沢藩大滝新蔵は諸隊長と協議し、自分は単身新発田城に乗り込む、もし自分が帰らなくとも定めた時間になったら攻撃を決行せよと言い渡して出発しようとした。そこへ翌六月十日未明に家老溝口内匠が回答書を持参した。その内容は「藩兵を直ちに出動させる。兵員は新発田城からと沼垂に出動の藩兵を充て、即刻長岡方面の戦線に出発する」、さらに百姓の蜂起を扇動した首謀の藩士二名を差し出すともあった。このことで同盟軍は了承し攻囲の軍は解かれ、一触即発の危機を免れたのであったが、藩が極力避けてきた、新政府軍と戦いを交えるという羽目に陥った。

同盟軍として参戦

こうして同盟軍の要求を受け入れて、藩の危機も去り、城下を戦火から回避した直後の六月十一日、新発田の藩兵二百名は米沢藩兵の監視を受けながら、沼垂町からの二百名を加えて計四百名が、交戦中の同盟軍支援のため長岡方面へ出発したのであった。

これより先慶応四年明治元年四月十九日、新政府は北陸道鎮撫総督高倉永祐を総督兼会津征討総督に、黒田清隆、山県有朋を参謀に任命して越後へ派遣した。閏四月十九日、参謀黒田らは薩摩、長門、府中の三藩兵を率いて高田に到着。さらに加賀、富山の二藩兵も合同して戦いの準備を行った。一方、東山道軍監岩村精一郎は尾張、松本、上田、高遠その他の藩兵を率いて新井に進出、会津、桑名藩兵及び旧幕府軍、水戸藩脱走の諸軍との交戦に備えて山道軍と海道軍に分けて進軍、越後戊辰戦争の戦端が開かれるのである。

五月二日には、長岡藩家老河井継之助が小千谷慈眼寺において、新政府軍軍監岩村と会見した。河井が「長岡藩は、新政府軍に敵対する気持ちはない。藩論統一のため、少し時日を貸してほしい」と頼むのに対し岩村は一顧もせずにその申し入れを拒否したという。こうして武装中立を唱えていた長岡藩は、奥羽越列藩同盟に加盟して、五月四日、新政府軍と約三カ月にわたる攻防戦を展開することとなったのである。

六月十一日、二百名の新発田藩兵は新発田を出発、見附、長岡方面に戦う同盟軍支援のため戦場に向かった。十六日には、米沢藩兵の督戦★を受けながら、灰島村、大曲戸村、中興野、田井村、耳取村等に分散して警備についた。

ちょうどこの頃新政府軍は、一挙に同盟軍を撃破して、越後の戦いを有利に展開するために、山道、海道に分かれて進撃、さらに新発田藩の内応もあって戦場の背後の新発田領内に上陸作戦を企てた。一方、河井継之助の指揮する長岡藩兵は、長岡城奪還の作戦を同盟諸藩とともに計画した。この作戦の実行はわずかに同盟軍が早く、七月二十日夜に決行された。新発田藩もこの戦闘に参戦して、各地で新政府軍と交戦するのである。この戦闘で戦死者四名を出した。この戦闘を督戦していた米沢藩斉藤主計は新発田藩隊長に、新発田藩への疑念も氷解したとの一書を届けた。戦いは、両者一進一退をくり返して七月二十四日を迎えたが、この日同盟軍は上手は寺泊辺から下手は栃尾付近までの諸藩兵が総攻撃を申し合わせて同夜一斉に進撃を開始した。この作戦は、長岡藩兵の長岡城奪還作戦に呼応しての同盟軍の反撃戦であった。不意をつかれた新政府軍は、攻略した長岡城

▼督戦
不信感を抱かれての監督下の戦闘

戊辰殉難追悼の碑

を奪還されたのをはじめ各所で敗退した。新発田藩兵は大口村附近より攻撃を開始、夕刻には十二潟附近の新政府軍を追撃して二十六日には、長岡城下へ入ったが、城下は火災のため城外の下条村に宿陣した。そこへ「新政府軍が領内太夫浜へ上陸、即日城下へ繰り込んだので、至急引き揚げよ」との急使が到着、この部隊は直ちに同夜見附に引き返した。

新政府軍に合流

黒田了介を総指揮官とする千余名の新政府軍時上陸部隊は、七月二十四日佐渡の小木港に寄港し、夜十時より太夫浜へ向けて出港した。翌日朝上陸、新発田城下へも知らせが飛び、一小隊が上陸地点へ急行し藩の帰順の意思を伝え、城下へと先導したが、八百名は新潟方面へ、もう千人は新発田へ向かった。この夜、家老溝口半兵衛は黒田と会見し、藩主が本営の置かれた柏崎へと赴き、総督（のち、東伏見宮）仁和寺宮に拝謁することにより、新政府側の疑念を晴らすよう勧められた。

二十五日、太夫浜に上陸した新政府軍の一隊は、新発田城下へ入った。藩はかねての方針にしたがって、直ちに新政府軍に帰順、とりあえず同日夜、島潟村へ

正気隊一番隊旗

新発田藩に下賜された軍旗

二小隊と砲隊を警備に出動させ、また他の二小隊を村上口方面の長畑村へ出動させて陣地を構築、警備に当たらせた。後者の二小隊は、庄屋または庄屋の息子などによって組織された草莽隊で、正気隊の一、二、三番隊であった。

二十八日直正侯は、柏崎へ向けて島見浜から船に乗って出発した。軍監岩村精一郎が案内を務め翌二十九日到着、八月一日に総督に拝謁をした。直正には懇ろの御沙汰があったという。その後、本営は新発田へ移されるのであった。

長岡、新潟方面の戦い終了後の八月四日、江戸に駐留の隊長速見八弥は参謀大村益次郎より「官軍松ヶ崎へ上陸のところ、速やかに出迎え、無人の境を往くがごとく申し来たり、かねて申し立ての趣き、少しも違わず、実効あい顕れ、なお国元において尽力いたすべく」とあって、八月十日江戸を出発して同二十九日、約八カ月ぶりに新発田へ帰還した。

また、京都にあって新政府要人と折衝にあたっていた窪田平兵衛も国元新発田の人数が少ないとの理由で許しを得て九月九日帰国の途についた。

その後、本営は柏崎から新発田へ移され、この戊辰戦争はさらに北上し、終熄へと向かうのであった。

新発田藩の大義

これら一連の、戊辰戦争での新発田藩の行動を「裏切り」であると唱え非難し、「娘は新発田へは嫁にやらない」などと言う向きもあった。だが、新発田としては、本来の大義を通しての苦難の道であったのであり、そのように言われるのは、まことに不本意であり心外なことであった。他の奥羽越諸藩においても、事情は僅差だったのではないか。例えば長岡藩のように、必ずしも藩論が統一されていたわけではなく、岩村精一郎の発した極端な一言・通告による、いわば時のアヤに翻弄されてしまったという要素もあったのではないだろうかと思うのである。

新政府軍が太夫浜・松ヶ崎浜に上陸したのを機に新発田藩は新政府軍に合流し、先鋒となって軍を進め、庄内、米沢、会津などの軍と戦った。この戦いのなかで、領内の農兵隊である正気隊をはじめとする多くの草莽隊の活躍には、著しいものがあった。

明治四年（一八七一）に廃藩置県がなされた。この時、藩の大参事（旧家老）は各部署の責任者に対し、「まことにもって案外のしだいで、なんといいようもなく嘆息するほかない……」と告げている。すでに御一新を受けて軍制改革案を

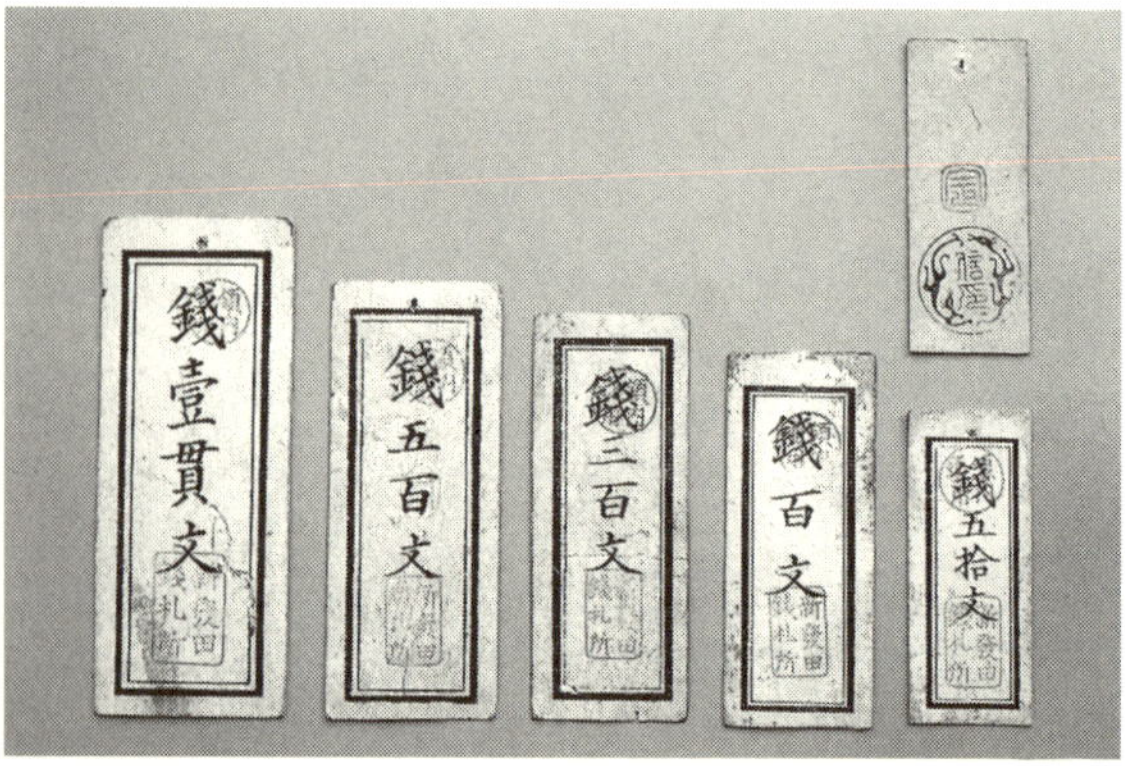

明治二年発行の藩札

作り、藩体制維持のため諸改革に乗り出していた時期だけに、予想外の廃藩に藩首脳は、驚きと同時に不満を抱いたものと思われる。新発田藩は数々の苦難の末に勝者の側に立ったのであるが、その果実は、薩長に独占されてしまったと言える。この状態は、現在にも引き続き存在しているのではないか。

……王政維新に至り俄然新政の荒海に遭遇し藩士は航海に羅針盤を失したる如く一時各自方向に迷へり故に帰農して岩船郡大場澤の開拓地に移住するあり或は公債を奉還して商業に失敗するあり或は官途に就きたるも官海遊泳術に疎き為め退けらるるあり数《かず》千の士族概ね然り目下職にあるもの学校職員警察吏尤も多く高等官職にあるものは数《かず》十人に過ぎず……

（明治三十六年刊　藤川善成著『菖蒲の栞』）

藩・県の変遷（『新潟県政百年のあゆみ』より）

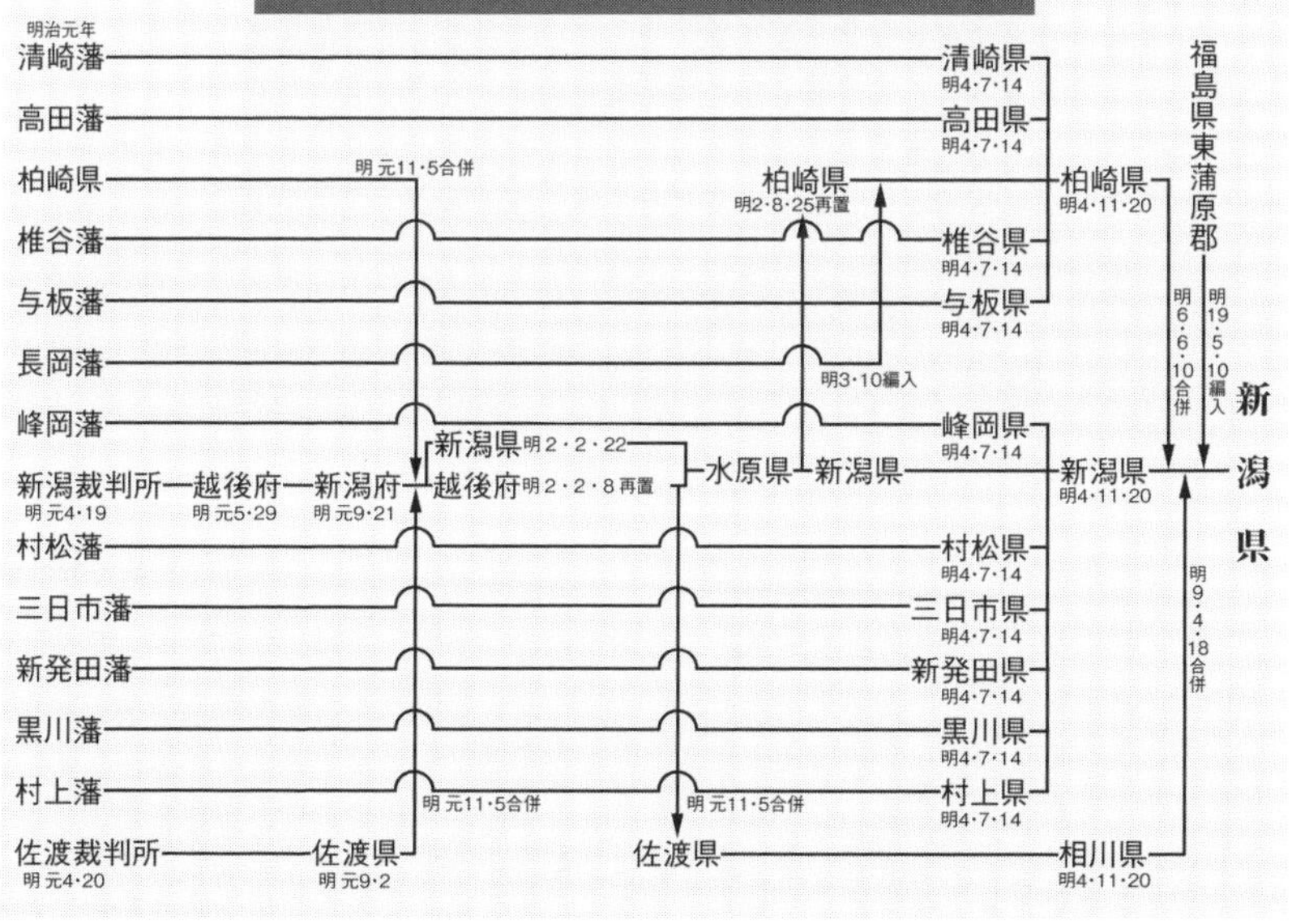

②

新発田連隊の設置

城下町から陸軍の連隊の町へと変化したが、軍隊のまちであることには変わりがない。連隊の町となってからは、新しい空気が新発田にもたらされた。職業軍人たちが近代的な文化を持ち込み、妙にハイカラなまちへと変身したのであった。

歩兵第一六連隊の創設

明治新政府は廃藩置県とともに、近代的兵制の整備に乗り出した。新発田藩は明治四年（一八七一）に東京鎮台管下の分屯地となって以来、旧新発田城跡の広大な敷地に、歩兵第一六連隊が創設され、明治十八年に営前練兵場を、翌年町裏練兵場を造成し、次第に軍都としての色あいを濃くしていった。

父親が第一六連隊の将校であったため、幼少年期を新発田で過ごした、社会運動家で無政府主義者の大杉栄は、その著書で大正後期の新発田の様子を述べている。

「最近に、二十年目で新発田へ行って見た。その間には、もう十幾年か前に鉄道がかかって、そこに停車場もできている。ほとんど面目一新というほどに変っているだろうと期待して行った。ほとんどどこもかも、まるで二十年前そのままなのに驚かされた。

停車場の付近が変っている事は論はない。そして僕はそこを出るとすぐ、また新しい華奢な監獄のような製糸場が聳えているのを見て、ここにもやはり産業革命の波が押しよせたなとすぐ感じた。しかしそれは嘘だった。その後町のどこを歩いて見ても、その製糸場以外には、工場らしい工場一つ見つけ出すことはできなかった。新発田の町はやはり依然たる兵隊町だった。兵隊のお蔭でようやく食っている町だった」（大正十年刊『自叙伝』）

新発田は、連隊の存在によって経済的に潤った。例えば入営であるが、入営の前日から遠方よりの入営兵と付添人で賑わった。新発田駅の降車人員は、平日の約二倍の混雑ぶり。駅前の竹内旅館が受付本部となり、玄関前にテントを張って応対、入営兵は各々指定された旅館に落ち着いて、翌朝の入営を待った。入営兵・付添人が新発田に落とした金額は、少なくないものであったと思われる。

除隊の場合も同様だった。除隊記念品や土産の購入などで、兵隊相手の商店街、西ケ輪通りをはじめ各商店街は賑わった。土産物は、数量では盃、金額ではお盆が多かった。入除隊のたびごとに、多額の金の入った商店街は潤ったが、世界恐慌後の経済不況を機に、虚礼廃止の動きも起こり、やがて土産物全廃となり、商店街への影響は大きかった。それだけでなく、戦争のつど軍隊は大移動する。昭和五年（一九三〇）、連隊の満州移駐の時は、当時の香川町長も危惧して対策を訴えた。御用商人、料理店、映画館、写真館等への経済的影響は大きかったのである。

新発田連隊とその戦歴

新発田連隊について

◎歩兵第一六連隊

第二師団隷下の連隊。第二師団は、明治二十一年の編制で仙台に司令部が置かれた。他に第四連隊（仙台）、第二九連隊（若松）、のちには第三〇連隊（高田）をも加えて構成。

第一六連隊は、第一五旅団隷下の部隊として出動することがあった。旅団司令部は基本的に新発田に置かれた。

◎歩兵第一一六連隊

第一三師団隷下。第一三師団は日中戦争の勃発に伴い、第二師団と同じ管内で昭和十二年に編制。他に第一〇四連隊（仙台）、第六五連隊（若松）、第五八連隊

（高田）をもって構成。
※注　このほかに、歩兵第八六連隊・歩兵第一五八連隊・独立混成第四一連隊があった。

（注7）新発田連隊戦歴
1.日清戦争（明治二十七～二十八）……第一六連隊（第二師団）
・明治二十七年十月　新発田を出発
・清国の山東半島・遼東半島・台湾方面で戦う
・明治二十九年五月　新発田に帰還
2.日露戦争（明治三十七～三十八）
ア　歩兵第一六連隊（第二師団）
・明治三十七年二月　新発田を出発
・満州　丹東・撫順・鉄嶺で戦う
・明治三十八年十二月　新発田に帰還
イ　後備歩兵第一六連隊（日露戦争に特設された・後備歩兵第一旅団）
・明治三十七年六月　新発田を出発
・満州　旅順・奉天・鉄嶺で戦う

・明治三十八年十二月　新発田に帰還　解隊

3.シベリア出兵（大正七〜十）……第一六連隊（第二師団第一五旅団）
・大正八年十月　新発田を出発
・シベリア沿海州　ハンカ湖南東岸方面で戦う
・大正十年五月　新発田に帰還

4.満州事変（昭和六〜八）……第一六連隊（第二師団第一五旅団）
・昭和六年四月　新発田を出発
・満州　遼陽・奉天・長春・吉林・チチハル・ハルビン・牡丹江方面で戦う
・昭和八年一月　新発田に帰還

5.日中戦争（昭和十二〜二十）

ア　歩兵第一六連隊　（第二師団）
・昭和十二年四月　新潟港を出発
・中華民国　山西省太原で戦う
・昭和十二年十二月　新発田に帰還

イ　歩兵第一一六連隊（第一三師団）
・昭和十二年九月　新発田を出発
・中華民国　上海・南京・徐州・漢口・長沙・柳州・独山・桂林で戦う

・湖南省東安で終戦

6.ノモンハン事件（昭和十四）……第一六連隊（第二師団第一五旅団）
・昭和十四年八月　関東軍の一員として牡丹江方面から出動
・満州国とモンゴル人民共和国との国境付近ノモンハンで戦う
・昭和十五年十月　新発田に帰還

7.太平洋戦争（昭和十六～二十）
ア　歩兵第一六連隊（第二師団）
・昭和十六年十二月　新発田を出発
・ジャワ島・ガダルカナル島・フィリピン・中国雲南省・ビルマ方面で戦う
・ベトナム　サイゴン付近で終戦
イ　歩兵第一一六連隊
・前記「日中戦争」に既述

・野崎武編『新発田聯隊史』
・大坪進編著『歩兵第一一六聯隊概史』による

これも新発田

旧新発田城

解体（明治五年）前の姿

本丸表門（現存）、辰巳櫓

本丸三階櫓

西ノ門

本丸鉄砲櫓

本丸鉄砲櫓、土橋門

二の丸道学堂（藩学校）

エピローグ

溝口氏治世二百七十三年が遺したもの

外様大名でありながら、廃藩まで同じ家の支配が続いたというのは、薩摩《さつま》藩をはじめとして、数多くある。

一つの家による支配が、かくも永く続いたということは、支配する側にとっても、支配される領民にとっても、さぞや居心地の良いものであったに違いない。お互い、気心が知れているからである。米の単作でも、比較的に豊かであったとされているので、一揆やそれらしいことさえ一度も起きていないし、戊辰戦争においても、領内や新発田城下が戦火に遭うということもなかった。月日は、比較的穏やかに過ぎていったのであった。

新発田藩の産業政策

これは、新発田藩ばかりのことではないのであるが、新発田には特産品・地場産業といわれるものがない。近くに村上があるので、特にそのことを強く感じざるを得ない。村上には、堆朱、鮭、北限の茶がある。新発田には、これらに匹敵するようなものは、なにひとつない。

村上藩は廃藩まで九家と、藩主がめまぐるしく替わったが、殖産政策に力を入れるという点においては、いささかの変更もなかったし、この成果が今に生きている。新発田藩の産業政策は、まさにこの対極をなすものである。例えば、養蚕や機織りが手っ取り早い現金収入になるという認識は持っていたのであるが、それでは農民の生活が奢侈に流れ、米作りがおろそかになるということで、家中（藩士）での副業を例外に、厳しく禁じてきた。

米作りを常に第一に掲げていた新発田藩が、藩をあげて取り組んだ産業に、塩・蠟燭・和紙・陶器の四つがある。しかしこれらは、あくまでも藩・城下の需要を充たすためのものであり、民間に払い下げたり、他国に移出をして利益をもたらす、というようなものではなかった。幕末の万延元年（一八六〇）には、藩に「国産掛」を設置し、空き地に漆・楮・桐や朝鮮人参・朝顔の栽培を奨励したり、塩や砂糖の藩営生産を試みるなどしたが、その実効を見るには至らなかった。

新発田藩の学問

新発田藩での藩学の歴史は、四代藩主溝口重雄の時代までさかのぼるのであるが、その方向性を決めたのは、八代藩主直養であった。直養は、新発田藩の学筋を山崎闇斎が唱導した崎門朱子学（垂加神道）と定め、他の学問を禁じた。この姿勢は代々受け継がれ、廃藩まで続いた。崎門朱子学は、朱子学を基調として陰陽道や気学を取り入れ、封建体制の遵守、皇室の護持を強調した激烈な尊皇思想を中核に据えたものであった。十代藩主直諒は、これを尊皇報国論・尊皇開国論に発展させた。

このことが、戊辰戦争での新発田藩の身の処し方を決定づけたのであるし、庶民レベルで言えば、民間信仰に対しては抑圧的に作用したものと考えられる。新発田の町を歩いてみると、学問を奨励したにもかかわらず天神様が祀《まつ》られているわけでなくまた川端に水神が祀られているわけでなく、路傍に地蔵の堂宇があるわけでもない。ほかと比べて、新発田は、妙に宗教色の稀薄な城下町なのである。

トラウマとなった「戊辰戦争勝利」

戊辰戦争で新発田藩は、明らかに勝者の側に立った。これは、藩と農民指導者層の尊皇思想の大義貫徹の結果と言える。

だが、結果は青天の霹靂とも言うべき廃藩であり、これには勝者も敗者もなかった。新政府の枢要の地位は、薩摩・長州・土佐・肥前に独占され、一個の果実も得ることはできなかった。会津藩をはじめ、奥羽越列藩同盟諸藩からは「裏切り者」とそしられ、新発田藩家中は上も下も意気消沈したのではなかったか。

昭和六十三年は、この内戦以来二回り目の戊辰の年であり、全国でこれを記念する行事をとり行った城下町は、少なくなかった。「敗けた側」でさえもであった。しかし新発田で、記念行事を行おうというような声は、ついぞ起こることはなかった。一種タブーのような雰囲気が、ずうっと続いてきたのだと思うのである。

勤皇という点では一致しても、すでに商品経済の発達した西南諸藩と、米の単作のみにとどまっていた東北の一藩、新発田藩とでは、その想い描く「くにのかたち」が異なっていたのであろう。だが一方、旧大倉財閥の総帥、大倉喜八郎（天保八年生）という、したたかな人物を世に送り出したのも、まぎれもなく新発田の町であった。大倉は戊辰戦争に際して、幕府軍にも官軍にも銃砲を売って資本を蓄積した。少年のとき彼は、藩にとっては異学である林家朱子学の私塾、丹羽伯弘の積善堂に学んだ。

幼い頃新発田に住んだ、職業軍人の子　無政府主義者の大杉栄が再訪して、「新しい華奢な監獄のような製糸場」と表現した大倉製糸場は、養蚕の素地がないにもかかわらず、故郷の殖産興業のためにと、大倉が創設したものであった。

これはまた、廃藩以来続く軍都新発田の経済的凋落傾向に歯止めをかけようとした、町の指導者たちの実践的努力の成果の一端でもあったのである。

廃藩後の新発田町の経済

江戸時代における城下町は、全国どこの藩でも、食糧・日用雑貨等々衣食住にかかわるものから、藩士の帯びる武具に至るまで、原則的に自給自足の社会であったのである。生活に必要な物はなんでも城下町あるいは領内でつくっていた。はじめの頃新発田は、湿潤な自然条件のなかで、現代ではコスト的に全くひきあわない製塩まで行い、会津へも供給していた。

当時の産業で、現在に遺されているものはほとんどない。鉄など金属の加工（タンス金具等）は、明治・大正以降もかなり手広く行われており、一定の商圏を有していたのであるが、今では消滅してしまった。

新発田は軍都であったにもかかわらず、一度も空襲に遭っていない。兵営は兵士が戦場に出払い、人影がまばらで、また日曹製鋼（のちの太平洋金属）以外に軍需工場がほとんどなく、新発田駅は、赤谷鉱山の鉄鉱石の搬出駅であったのであるが、機銃掃射もなく、焼夷弾の一本も投下されていない。米軍にとっては、ほとんど空襲をするに値しない町だったのではないか。

この点で長岡はどうであったのか。朝鮮戦争でのソウル市のように、戊辰戦争では戦火のローラーが幾度も往来し、太平洋戦争では工場群・民家など大空襲に見舞われた。犠牲者の数も多かった。だが、そのたびに見事に立ち上がっており、そして今の長岡がある。復興の中心となったのは、商人たちであった。なにより、幸運にも東山油田の採掘を源泉とした、資本の蓄積があった。

新発田は、先人の卓越した知恵により、戊辰戦争での戦火をからくも免れることができた。戦火にあうことは、民衆にたいへんな不幸をもたらす。だが、わが新発田のことを思いめぐらすならば、不謹慎であるとは思うのであるが、必ずしも幸いとは言い切れない面があるような気がする。

「艱難、汝を玉にす」という言葉があるではないか。

廃藩後の新発田町の経済について、新発田の人、藤川善成は『菖蒲の栞』（明治三十六年刊）で、こう述べている。

「当地には著名の物産なく、またこの地の需用に足るものなし、需要品の多くはみなこれを他に仰ぎ、ただ輸入品のみ年々増加し、輸出品は減退の傾きあり、ゆえに商業はさらに発達せず、萎靡《いび》不振の状に陥り、商業の幼稚なること県下市街地のうち下位にあるべし、商人の緩慢なるその原因、一つにして足らずといえども、これ文明の利器たる交通機関の設備を欠くゆえんにして、電話・鉄道・馬車・電燈のごとき一つもその敷設を見ず、また古来比較的に生計にゆたかなりしがため、かりそめの風を生じ艱難を排して一事一物を成さんとする勇気に乏しく、自ら利せず、他を益せず、空しく自暴自棄の人多し。市中数《かず》千の商売中商品の仕入れとして、京坂におもむく者わずかに二十余人のみ、他はあまねく膝行《しっこう》にして新潟、長岡、三条等の商人輩、各地の産物をもたらし来るを求め、居ながらこれをひさぐにとどまるのみ、あに慨嘆に堪ゆべけんや……」

新発田の商人は、自ら京阪へ行き、直接商品を仕入れてくるのではなく、新潟・長岡・三条等の商人が京阪より仕入れて、売りに来た物を買い入れ、それを販売するというのである。利益が薄くなるのは必然ではないか。資本の蓄積も困難となるし、したがって自ら新しい産業を興すこともかなわない。いくつかあった工場は、みな誘致したものであった。

このような状態から脱却することは、まだ当分の間、新発田市の課題であり続けるのかもしれない。

新発田藩年表

一五八七【天正十五】十月
上杉景勝に攻められ新発田城落城、新発田重家戦死する

一五九四【文禄三】
宮島三河守、新発田城に在番する

一五九八【慶長三】一月
豊臣秀吉、上杉景勝に会津への国替えを命じる

四月
秀吉、溝口秀勝（伯耆守）を加賀大聖寺四万四千石より越後蒲原郡六万石へ移す

一六〇〇【慶長五】八月
上杉遺民一揆起こり、新発田軍分田川辺にて勝利する

一六〇二【慶長七】
この年より新発田城の築城を開始すると伝う

一六一〇【慶長十五】九月
二代宣勝家督相続（伯耆守）。この時宣勝の弟伊豆守善勝に新田打出し分とともに一万二千石を与え、沢海に分知する。この年栃尾城在番を命ぜらる

一六二一【元和七】
新発田町の膨張に伴い、新発田川外の農家の間口調査を行って生け垣部分を上地させる（のちの新町）

一六二五【寛永二】
新発田城下へ五十公野に居住の鍛冶を移し鍛冶町をつくる

一六二八【寛永五】十月
三代宣直家督相続（出雲守）。この年領内検地を行い、打出し分一万五五〇〇石のうち又十郎（切梅）に六〇〇〇石、内記（池之端）に五千石、左京（二ッ堂）に四千五百石を分け分家をつくる

一六二九【寛永六】
江戸城石垣普請の手伝いを命じられる。同九年には台徳院御廟所普請の手伝い

一六三八【寛永十五】
新町のうち指物町・麩屋町・桶町裏の土地半分を上知させ、屋敷割りを行う。総鎮守諏訪神社、城内古丸から鍛冶町門外へ移され、元禄元年泉町に移る

一六四五【正保二】
国絵図、城絵図の作成・提出を命じられる〈正保の絵図〉

一六四八【慶安元】
領内で初めて蠟燭ができる

一六五五【明暦元】
聖籠新川の普請を行う。五十公野御茶屋竣工する。宝積院、外ヶ輪へ移る

一六六〇【万治三】十月
塩留め一件の責を負い、藩士井上久助会津藩により斬罪に処せられる

一六六二【寛文二】五月
江戸増上寺普請の手伝いを命じられる

一六六九【寛文九】五月
新発田大地震。城の石垣が崩壊、余震三十日にも及ぶ

一六七二【寛文十二】九月
四代重雄家督相続（信濃守）

一六七八【延宝六】六月
領内最後の総検地を命ずる。貞享三年（一六八六）終了

一六八〇【延宝八】閏八
上鉄砲町裏の空き地に町割りをし、二六人を移す（のちの東町）。新井田・築地に屋敷割りを命ずる

一六八一【延宝九】六月
高田城の在番を命じられる

一六八四【貞享元】
領内の新田開発高、入封以来八十六年間で三万四八八石となり、内高が八万石となる

一六八七【貞享四】八月
沢海藩四代藩主溝口政親、酒狂により封地が没収され廃藩となる

一六八八【元禄元】
職人町・竹町・御徒士町の屋敷割りできる。翌年新御徒士町の屋敷割りを命じる。新発田町の町人、大宝寺原を開発し茶を栽培する

一六八九【元禄二】二月
新井田村用水の江筋悪しきにより、上杉原より上足軽町・外ヶ輪うしろまで掘割を命じる

一六九三【元禄六】四月
町裏の顕法寺脇より大善寺の間、新規屋敷割りを命じる

十一月
清水谷御殿竣工し、能舞台で能が演じられる

一六九六【元禄九】三月
清水谷輪乗場で、百姓・町人に能が公開され、一日四〇〇〇人が見物

一六九八【元禄十一】七月
江戸麻布新堀普請の手伝いを命じられる。この頃より藩財政が悪化する

一七〇〇【元禄十三】
元禄国絵図できる。新発田城の再建成る

一七〇三【元禄十六】
藩の外科医杉田甫仙（玄白の父、一五〇石）、重雄の怒りに触れ上知される

一七〇六【宝永三】七月
五代重元家督相続（伯耆守）

一七一一【正徳元】
新発田町の町屋敷数、家持四八三軒・借家二八一軒、計七六四軒となる

一七一三【正徳三】六月
中之島町名主与茂七他四名、組中徒党したとの罪科により死刑に処せらる

一七一五【正徳五】五月
伊藤仁斎の門人緒形維純を召し抱え、学問の師範を命じる

一七一六【正徳六】四月
「御家中欽之覚」九〇カ条等の諸法度を出す

一七一八【享保三】十一月
六代直治家督相続（信濃）

一七二一【享保六】三月
新発田藩、館村陣屋と共同で紫雲寺潟落堀掘削工事を開始、同年五月竣工

一七二四【享保九】
柳沢時睦及び柳沢経隆、各々蒲原郡に一万石を与えられ、三日市藩と黒川藩を創立する

一七二六【享保十一】七月
諏訪祭礼に、五支配より飾り人形の屋台六つ（上・中・下・両・三・四町）出す

一七二七【享保十二】四月
加治川掘替え完成

一七二八【享保十三】七月
竹前ら紫雲寺潟干拓工事を開始する。この年、本町の町幅を五間と定め屋根を板葺きにすることを命じる

一七三〇【享保十五】八月
松ヶ崎分水掘割完成するも、翌年洪水で大破し阿賀野川の本流となる

一七三二【享保十七】閏五
七代直温（切梅分家の出）家督相続（出雲守）

一七三三【享保十八】
紫雲寺潟干拓工事完成。同二〇年新田検地一万六八五八石余

一七四六【延享三】九月
新発田在中谷内村で鹿が生け捕られる

一七四七【延享四】五月
城下物騒につき新番所六カ所を造る

一七四八【寛延元】五月
下鉄砲町の足軽屋敷を取り払い、職人町の神明社を遷宮する

一七四九【寛延二】
竹町口に初めて火の見櫓を建てる

一七五六【宝暦六】九月
諏訪神社の本殿・拝殿竣工する

一七六一【宝暦十一】一月
八代直養家督相続（主膳正）

一七六五【明和二】六月
川方支配を設け、定期的に新発田川の掃除と川浚いを励行させる

一七六八【明和五】五月
竹町並びに御徒士町裏へ、新規に新御徒士町の建設を命じる

一七六九【明和六】九月
城下近辺での火葬を禁じる

一七七〇【明和七】三月
藩の廻米船（東町甚平衛の持ち船）、朝鮮国南東沿岸の巨済島に漂着する

一七七一【明和八】十一月
直養、学問奨励に関する諭告を出す

一七七二【明和九】三月
二の丸御用屋敷に新しく講堂を建て、鎗剣術稽古所も同所へ移す

一七七三【安永二】十月
飢饉対策として、除米制度を設ける

一七七六【安永五】九月
医学館を設立。同八年八月、在中の医師に医学館で学ぶことを許可する

一七七七【安永六】
領民に学問を奨励するため、社講制度を設ける

一七七八【安永七】五月
飢饉対策として、「社倉御掟書」を定め、社倉制度を設ける

一七七九【安永八】十二月
直養、『勧学筆記』の開板（出版）を命じる。翌九年二月、家中並びに町在の者のうち、学問の志あっても本を買えない者に書籍を与える

一七八〇【安永九】五月
本丸に奉先堂を建立する。「新令」（安永令）を領内に公布する。山崎闇斎学派失子学を藩学と定める。天明四年（一七八四）十二月、「新律」（安永律）を領内に公布

一七八二【天明二】二月
財政悪化のため家中次男以下の取立てを廃止、よって他所仕官等勝手次第にするべきを達する

一七八六【天明六】閏十月
九代直侯家督相続（出雲守）

一七八九【寛政元】十月
藩の修史事業として「御記録」が完成する

十一月
奥州三郡と蒲原郡の二万石との高替えを命じられる

一七九六【寛政八】四月
在中へ凶年の備えとして、粟・柿等の植付けを命じる

九月
藩の御用窯が小坂に開かれ、陶器生産を始める

一八〇一【享和元】七月
新発田近在に山犬（日本狼）が多く出てケガ人多く、家中の八人に狩猟を命じる

一八〇二【享和二】八月
一〇代直諒家督相続（伯耆守）

一八〇八【文化五】二月
松ヶ崎・藤塚両浜に物見番所を置き、家中をもって見張らせる

三月
家中のうち砲術の心得のある者二〇人ほど、大砲用意のうえ佐渡へ派遣する

一八一〇【文化七】十二月
幕府、新発田・長岡・高田の三藩に交代で佐渡警備につくことを命じる

一八一四【文化十一】五月

蒲原・岩船両郡に百姓一揆起こり、藩が出動態勢をとる

一八二三【文政六】

この年、福島潟の開発に着手する。天保六年（一八三五）に完成、検地の結果四五二町

一八二四【文政七】三月

丹羽伯弘、私塾積善堂を開く

一八二六【文政九】五月

直諒、「勧学令」を出す

一八二九【文政十二】十二月

奥州の領地一万三千石余を上知、代わりに蒲原郡の一万石余を返還される。この年、小泉蒼軒らに領内の農業事情を調査させる（『山田のそほと』）

一八三一【天保二】四月

『農家心得』を出版配布する。同八年、勧農方に二名を任命し農民を指導させる

一八三八【天保九】七月

一一代直溥家督相続（主膳正）

一八三九【天保十】十二月

家中に五カ年間の格別の倹約を命じる

一八四〇【天保十一】三月

麩屋町藤兵衛、藩から魚油製造の許可を得て松ヶ崎浜で製造を開始

五月

物価上昇により町奉行・郡奉行・勘定奉行を値段糺し係とす。新発田町細山甚助、藩から陶器製造の許可を受け古寺山に窯を築き製造開始

一八五〇【嘉永三】

健斎（直諒）、『報国説』を著述する

一八五一【嘉永四】六月

家中の二名を江戸へ派遣し、西洋流の砲術を修業させるとともに砲術稽古場を拡大する。同年九月給人へ武芸振興を達する

一八五二【嘉永五】五

江戸にて西洋型の大砲の鋳造を命じる

一八五三【嘉永六】十二月

直溥、財政改革を試み、家中に質素倹約を命じる

一八五五【安政二】十一月

江戸大地震により江戸の三屋敷が大破する

一八五六【安政三】九月

毎年一〇月から翌年三月まで、道路の破損を防ぐため地車の使用を禁止する

一八五七【安政四】

新発田家家中出身の桑田立斎、幕府の命によりアイヌ人五千人に種痘を施す

一八五八【安政五】六月

日米修好通商条約を締結、新潟開港予定地となる

一八五九【安政六】四

ロシア蒸気船・オランダ蒸気船相次いで新潟に来航、新発田藩・村松藩が警備に当たる

十月

イギリス軍艦・蒸気船新潟に来航、港を測量、市中を検分する

一八六〇【万延元】三月

空き地に漆、楮、桐、朝鮮人参等の栽培を奨励、富樫万吉ら四人を国産掛に任命

十二月

十万石に高直しを命じられる

一八六四【元治元】十月

庄屋・名主たちに農兵隊の組織の命が下る。幕府から、水戸天狗党の鎮圧のため野州への出兵を命じられる

一八六七【慶応三】七月

イギリス軍艦で公使パークス、通訳サトウを伴い新潟に来航市中を視察

八月

十二代直正家督相続（伯耆守）

九月

越後諸藩並びに会津藩、新潟で会談する

十月

大政奉還

十二月

江戸詰め家老窪田平兵衛、藩主の名代として京都へ上る

一八六八【慶応四】二月

会津と越後の五藩、酒屋で会談。新政府の要請により、新発田藩士四〇〇名入京

六月

同盟諸藩から同盟軍支援要求あり、出兵するも領民の阻止にあい引き返す。米沢藩の強要により藩主下関へ向け出発するも、領民の阻止にあい帰城す。同盟軍最後通牒を突き付け、新発田城下を包囲する。要求を受諾し、出兵する

七月

新政府軍領内太夫浜・松ヶ崎へ上陸、新発田藩は直ちに帰順し会津、米沢、庄内方面へ先鋒となり出兵。正気隊など草莽隊活躍する

一八六九【明治二】六月

版籍奉還、直正新発田知藩事となる。水害の復旧や戦費調達のため藩札を発行

一八七〇【明治三】一月

禄制及び職制改革を断行、藩士に秩禄証を下付

三月

越後府、国学者小池内広を社寺方調掛に任じ、神仏分離のための巡視を開始

一八七一【明治四】七月

新発田藩廃止され、新発田県設置。同一一月、新発田県廃止され新潟県に編入

あとがき

わたしは、新発田市に職を得て、今は定年まであといくばくもない年齢となりました。長い市役所生活のうち、市教委関係の仕事は今年で三十年目に入りましたが、そのうち社会教育課には二度在籍して計十八年、図書館に三度在籍して計七年を過ごしました。

社会教育課では主に文化財保護を担当しましたが、そのうち何年間は市史編纂委員会の事務にもかかわりました。図書館の七年のなかでの二年間は、平成十年の城下町四百年記念事業『城下町新発田四百年のあゆみ』の編集を命じられ、発刊ができました。

昭和六十一年に『城下町しばた』という小冊子を自費出版しましたが、増刷をかさね一万部を完売しました。この小冊子には、取り壊し前の新発田城の古写真を十八枚掲載したのですが、これが新発田城本丸の三階櫓や辰巳櫓復元のきっかけとなったものと思います。それまでは、このような写真が存在することを知っている人はごく限られていたのでした。

取り壊し前の新発田城の姿を知って市民は感動したのだと思うのです。その頃までは、「五十公野御茶屋」のことを「奉先堂」と呼んでおり、また新発田城本丸の「表門」を「大手門」と呼んで怪しむことがなかったのですから……。　旧士族の少なからぬ人たちが新発田を後にしてしまい、歴史的な断絶の淵の広く、深かったのが廃藩後のこの町でした。

「復元を城下町四百年記念事業に!!」という声が、市民のなかからわき上がってきたのでした。結果として記念事業とはなりませんでしたが、平成十六年に復元が成就しました。

新発田町は、明治以後三度の大火に遭っており、武家・商家も含め古い家屋の残り少ない町で、商家は都市計画事業で消滅してしまい、武家関係で保護されていたのは、清水園の「足軽長屋」一棟のみという状態でした。当時わずかな武家屋敷の保護については、市の文化財保護の課題でした。取り壊しの情報を得ると、市長室へ駆け込み、当時の市長に直訴をしました。市長はそのたびに財政課長を呼んで、解体保存を決めてくださいました。理解のある市長でした。今にして思えば、若さゆえの、なんと組織原則を無視した無謀な行為であったと思うのですが。解体保存の一棟目は、昭和五十三年のことで、全部で五棟保存されております。その後当分、復元のめどがなかったので、六棟目は清水園の館長さんにお願いしました。平成六年に復元成った、市指定文化財「石黒家住宅」がそれです。

なにやら、自慢の、思い出話となってしまい、まことにはずかしいことです。現代書館社長の菊地泰博氏には、このような独断的私見の表現の場を積極的に与えていただき、まことに感謝の言葉もありません。

この本の編集成就は、多くの諸先生の研究努力のおかげと強く思います。おひとりおひとりの御名を記することのできなかった非礼を、伏してお赦し願いたいと存じます。

参考文献

新発田市史編纂委員会編『新発田市史　上巻・下巻』（新発田市、昭和55・56）
新発田市教育委員会編『城下町新発田四〇〇年のあゆみ』（新発田市、１９９８）
三百藩藩主人名事典編纂委員会編『三百藩藩主人名事典　３』（新人物往来社、１９８７）
高橋礼弥『沼垂湊・新潟湊訴訟と新発田藩の対応』（新発田郷土研究会、新発田郷土誌第20号所収、１９９１）
新潟市役所編『新潟市史上巻』（新潟市役所、昭和９年）
新発田古文書解読研修会編『溝口景久氏遺作集　菖城への想い』（新発田古文書解読研修会、平成16年）

鈴木 康（すずき・やすし）
昭和二十五年、新潟県旧荒川町生まれ　二〇一三年三月逝去
元新発田市職員・元新発田郷土研究会理事
編著書に『城下町新発田四百年のあゆみ』、『城下町しばた』、その他『新発田郷土誌』への寄稿数編

シリーズ藩物語 **新発田藩**

二〇〇八年八月二十日　第一版第一刷発行
二〇一五年二月二十日　第一版第二刷発行

著者――鈴木 康
発行所――株式会社 現代書館
東京都千代田区飯田橋三―二―五　郵便番号102―0072
電話03―3221―1321　FAX03―3262―5906　振替00120―3―83725
発行者――菊地泰博
組版――デザイン・編集室エディット
装丁――中山銀士＋杉山健慈
印刷――平河工業社（本文）東光印刷所（カバー、表紙、見返し、帯）
製本――越後堂製本
編集協力――黒澤 務
校正協力――岩田純子

 ISBN978-4-7684-7114-2

http://www.gendaishokan.co.jp/

江戸末期の各藩

松前、八戸、七戸、黒石、**弘前**、**盛岡**、**一関**、秋田、亀田、本荘、秋田新田、仙台、松山、**新庄**、**庄内**、天童、長瀞、**山形**、上山、**米沢**、米沢新田、相馬、福島、**二本松**、三春、**会津**、**守山**、棚倉、平、湯長谷、泉、**村上**、黒川、三日市、**新発田**、村松、三根山、与板、**長岡**、椎谷、**高田**、糸魚川、松岡、笠間、宍戸、**水戸**、下館、結城、**古河**、下妻、府中、土浦、麻生、谷田部、牛久、大田原、黒羽、烏山、喜連川、**宇都宮・高徳**、壬生、吹上、**足利**、佐野、関宿、高岡、佐倉、小見川、多古、一宮、生実、鶴牧、久留里、大多喜、請西、飯野、佐貫、勝山、館山、岩槻、忍、岡部、川越、沼田、前橋、伊勢崎、館林、高崎、吉井、小幡、安中、七日市、飯山、須坂、**松代**、**上田**、**小諸**、岩村田、田野口、**松本**、諏訪、**高遠**、飯田、金沢、荻野山中、小田原、沼津、小島、田中、掛川、相良、横須賀、浜松、富山、加賀、大聖寺、郡上、高富、苗木、岩村、加納、大垣、高須、今尾、犬山、挙母、岡崎、西大平、西尾、吉田、田原、大垣新田、尾張、刈谷、西端、長島、**桑名**、神戸、菰野、亀山、津、久居、鳥羽、宮川、彦根、大溝、山上、西大路、三上、膳所、水口、丸岡、勝山、大野、**福井**、鯖江、敦賀、小浜、淀、新宮、田辺、紀州、峯山、宮津、田辺、綾部、山家、園部、亀山、福知山、柳生、柳本、芝村、郡山、小泉、櫛羅、高取、高槻、麻田、丹南、狭山、岸和田、伯太、豊岡、出石、柏原、篠山、尼崎、三田、三草、明石、小野、姫路、林田、安志、龍野、山崎、三日月、赤穂、鳥取、若桜、鹿野、津山、勝山、新見、岡山、庭瀬、足守、岡田、岡山新田、浅尾、松山、鴨方、福山、広島、広島新田、高松、丸亀、多度津、西条、小松、今治、松山、新谷、大洲、**伊予吉田**、**宇和島**、徳島、**土佐**、土佐新田、**松江**、広瀬、母里、浜田、津和野、岩国、徳山、長州、長府、清末、小倉、小倉新田、福岡、秋月、**久留米**、柳河、三池、蓮池、唐津、**佐賀**、小城、鹿島、大村、島原、平戸、平戸新田、**中津**、杵築、日出、**府内**、臼杵、**佐伯**、森、**岡**、熊本、熊本新田、宇土、人吉、延岡、高鍋、佐土原、飫肥、薩摩、対馬、五島（各藩名は版籍奉還時を基準とし、藩主家名ではなく、地名で統一した）

★太字は既刊

江戸末期の各藩
(数字は万石。万石以下は四捨五入)